LES VŒUX

DES

HURONS ET DES ABNAQUIS

A NOTRE-DAME DE CHARTRES.

Imprimé et Édité par A. GOUVERNEUR,
à Nogent-le-Rotrou.

LES VŒUX

DES

HURONS ET DES ABNAQUIS

A NOTRE-DAME DE CHARTRES

PUBLIÉS POUR LA PREMIÈRE FOIS

D'APRÈS LES MANUSCRITS DES ARCHIVES D'EURE-ET-LOIR

AVEC

LES LETTRES DES MISSIONNAIRES CATHOLIQUES AU CANADA,

UNE INTRODUCTION ET DES NOTES

PAR

EM. LOUBLET DE BOISTHIBAULT.

A Chartres est sa mestre iglise
Qui si noblement est assise
Que la Dame tient souz sa main
Et tout Chartres et tout chartein.

(Le Livre des Miracles.)

CHARTRES

NOURY-COQUARD, LIBRAIRE

RUE DU CHEVAL-BLANC, 26.

—

M DCCC LVII

INTRODUCTION.

Le XIIIe siècle, il faut le reconnaître, a fait de grandes choses parce qu'il a donné naissance à de grands hommes. La pensée humaine, jusque là pliant sous le joug de la féodalité, comprimée par elle, prend enfin son essor; dans le même moment, l'art chrétien révèle toute sa puissance, grandit et atteint la hauteur de la pensée elle-même ! Prenons quelques exemples : pour les grandes entreprises, les CROISADES; pour les hommes, S. BONAVENTURE, S. THOMAS D'AQUIN, S. FRANÇOIS D'ASSISE, ROBERT DE SORBONNE; pour les monuments religieux, Chartres, Noyon, Reims, Paris, Strasbourg, l'Abbaye de Royaumont, la Sainte Chapelle. Parmi tant de chefs-d'œuvre, lequel choisir ? auquel assigner la première place ? chacun d'eux a son mérite particulier ; la cathédrale de Chartres les réunit tous. Voilà bien l'enfant robuste de la foi, mais d'une foi vive et ardente. Dans son ensemble, dans ses détails, la foi est ici personnifiée. Cette masse imposante de constructions, ces formes grandioses et majestueuses, ces lignes sévères par leur régularité minutieuse, ces portails chargés de riches sculptures, ces voûtes hardies, ces rosaces étincelantes de couleurs vives et variées, cette légion de Saints qui la ferait prendre pour un évangile de pierres ; ces symboles variés, ces emblêmes infinis, ces représentations grimaçantes et grotesques qui constituent l'imitation fine et railleuse du moyen-âge, et par-dessus toute cette féerie éblouissante, ces tours percées à jour de même qu'une dentelle ; ces flèches aériennes s'élevant, comme la prière, vers le ciel ! Tout cela se voit, se comprend, s'admire et ne se définit pas. Le style le plus fleuri ne rendrait pas les richesses de Notre-Dame de Chartres. Il y a une telle harmonie dans cette admirable église que c'est d'elle qu'on pourrait dire avec le platonicien NOVALIS : « *l'architecture est une musique de pierres.* »

Ici surtout on reconnaît l'influence de la domination religieuse. La crypte, œuvre incontestable de Fulbert [1], témoigne par son étendue unique des larges proportions que cet illustre prélat voulait donner à l'église. Il n'épargne rien ; les chapelles de l'abside, des bas-côtés doubles, un chœur presque aussi grand qu'une nef ; une nef plus profonde que le chœur, un transept long sans être étroit ; nulle part vous ne trouverez autant d'espace ! L'habile constructeur le sait bien ; mais, dans son humilité chrétienne il se rapetisse aux pieds du saint temple qu'il va élever, il ne veut être que le *petit* évêque d'une *grande* église [2], alors qu'il doit marcher l'égal de Pierre de Montreuil et d'autres artistes de génie !

Pierre de Maincy était bien inspiré quand il dédiait la cathédrale de Chartres à la Sainte-

1 D. Fvlberti epist. CII.
2 *Magnæ* ecclesiæ *pusillus* episcopus.

Vierge [1]. L'hommage était digne de la mère de Dieu !

Comme si cette merveille de l'art que nous serions tenté de nommer la huitième merveille du monde, ne suffisait pas pour justifier sa renommée, la foi encore l'avait enrichie de reliques justement vénérées, des reliquaires et des ornements les plus précieux. Dans toute la chrétienté l'église de Chartres était en grand renom, en grande vénération. Les fidèles y affluaient, les pélerinages étaient nombreux...

Les reliques que possédait l'église avant la révolution étaient placées en trois endroits différents du chœur : aux deux côtés et derrière le grand autel. Les lieux qui les renfermaient s'appelaient *Trésors*. Il y en avait trois; la sainte châsse était placée au fond du premier. Au-dessus et proche le plafond on voyait une ceinture de 1 m. 461 de longueur et « *de quatre doigts de large;* [2] » elle était faite

____

[1] Le 17 octobre 1260. La dédicace de l'église *souterraine* avait eu lieu le 17 mai ou 16 des calendes de juin en 1037.

[2] Inventaire de 1683-1726. Ms.

de grains de porcelaine blancs et noirs, bordée de soie de porc-épic rouge. On lisait sur cette ceinture :

VIRGINI PARITVRÆ. VOTVM HVRONVM.

Les lettres de ces mots étaient formées par les grains noirs, les blancs servaient de fond.

Cette ceinture avait été offerte à la Sainte-Vierge, en 1678, par les Hurons [1], nouvellement instruits de la religion chrétienne. Pour les en remercier et honorer leur piété, le chapitre de Chartres leur donna, en 1680, une grande *chemise* d'argent du poids de 5 à 6 marcs, remplie de différentes reliques.

Un mot sur cet emblême. Au XIIe siècle, le sceau du chapitre de Chartres représentait la Vierge assise, tenant l'enfant Jésus sur ses genoux. Autour du sceau on lisait : *Sigillvm capitvli beate Marie Carnutensis.* Du XIIIe au XVIIe siècle, même image sur la face principale. Le revers indiquait l'Annonciation. Les premiers mots de la Salutation Angélique

1 Peuple indigène de l'Amérique du nord.

servaient de légende. Plus tard, on ne conserva que l'emblème de la chemise seule.

Ces chemises, fabriquées en or et en argent, entretenaient la dévotion des fidèles. Nos échevins les distribuaient comme *présent* aux personnes qu'ils voulaient honorer [1].

La représentation de cette chemise se voit sur la couverture de la plupart de nos manuscrits de la bibliothèque communale ayant appartenu à l'ancien chapitre de Chartres [2].

Indépendamment de cette *ceinture* que nous venons de décrire, il s'en trouvait une autre, longue de 1 m. 949, large de 0,162. Le fonds était formé par des grains de porcelaine d'un violet foncé et portait cette inscription en grains blancs :

MATRI VIRGINI ABNAQVLÆI. D. D.

[1] V. reg. des échevins, 1588. — 25 juin 1627, 23 janvier 1646, 20 mai 1666.

[2] En 1699 on construisit le portail de l'église de St-Aubin-des-Bois (canton nord de Chartres). On y fit mettre une *chemise* de Chartres pour marque de la seigneurie du chapitre sur la dite église.

(Reg. capit. 11 avril 1699).

Elle avait été envoyée par les Abnaquis [1] en 1695. On la reçut à Chartres au mois de septembre de l'année 1699.

Ces deux ceintures existent encore ; elles ont échappé au vandalisme de l'époque ; elles sont encore ce qu'elles étaient autrefois ; les voilà précieusement conservées dans l'une des chapelles de la crypte si merveilleusement rendue au culte [2].

On trouve aux archives du département d'Eure-et-Loir une liasse [3] ayant pour titre :

1° Remercîments des Hurons au chapitre de Chartres, pour le don qu'il leur avait fait d'une *chemise* de la Vierge, en argent, dans laquelle étaient renfermées des reliques.

Lettres des P.P. Jésuites.

2° Vœu des Abnaquis du Canada à Notre-Dame de Chartres.

Lettres des P.P. Jésuites.

1 Peuple du Canada.
2 Voyez aux *notes* pour les détails.
3 Œuvre Notre-Dame. Reliques. — D. n° 13, caisse III.

Ces pièces nous ont paru avoir un double intérêt historique. D'abord elles contiennent des actes des apôtres modernes durant les années 1680, 1692, 1694, 1699 et 1702, de ces missionnaires que la foi conduisit dans l'Inde, dans la Chine, au Japon, aux îles de l'Océanie et dans le Nouveau-Monde, pour y porter, souvent aux dépens de leur vie, le flambeau de l'Évangile. Quelques-unes de ces lettres font connaître les mœurs primitives des sauvages du Canada. Le P. CHAUMONNOT travailla à leur conversion pendant plus de quarante années; le P. BIGOT plus de vingt. Enfin c'est une des pages de l'histoire de l'église de Chartres que personne, que nous sachions, n'a jusqu'ici tenté d'écrire et dans laquelle se concentre tout l'intérêt de l'histoire de notre ville, lorsqu'on l'a sérieusement étudiée.

Nous croyons faire une chose utile en tirant ces documents de l'oubli auquel ils étaient condamnés. Cette publication n'a été tirée qu'à 150 exemplaires.

D. DE B.

Juin 1857.

Les Hurons.

1678-1680.

I.

VŒU [1], A LA S. VIERGE, DE LA NATION DES HURONS, EN
NOUVELLE FRANCE, ÉNONCÉ EN FRANÇOIS ET EN LANGUE
HURONNE [2], ENVOYÉ AU CHAPITRE DE CHARTRES,
AVEC UN COLLIER OU CEINTURE DE GRAINS DE
PORCELAINE, EN 1678.

II.

TRADUCTION.

VŒU DES HURONS DE LORETTE [3], EN LA NOUVELLE FRANCE [4],
A NOTRE-DAME DE CHARTRES.

Sainte-Vierge, que nous avons de joie de ce que,
même avant votre naissance, la ville de Chartres vous

[1] Nous indiquons les pièces dans l'ordre dans lequel elles sont
placées.

[2] Nous ne voyons nul intérêt à le reproduire dans cet idiôme,
alors même que nous le pourrions.

[3] Il ne subsiste aujourd'hui de Hurons qu'à la petite mission de
Lorette, à 9 kil. N. de Québec, où se trouvent 200 cultivateurs des-
cendant des anciens Hurons. Leur idiôme s'est perdu.

(Bouillet, dict. un. d'hist. et de géog.)

[4] Jacques Cartier, après avoir remonté le St-Laurent, prit possession de tout le pays au nom de François Ier et l'appela *Nouvelle-
France*, en 1535.

a bâti une église avec cette suscription : *à la Vierge qui doit enfanter.* O que Messieurs les Chartrains sont heureux et qu'ils méritent de gloire d'être vos premiers serviteurs. Hélas! incomparable mère de Dieu, il en est tout au contraire de nous autres, pauvres Hurons; nous avons le malheur d'avoir été les derniers à vous connaître et vous honorer. Au moins que ne pouvons-nous à présent réparer notre faute, en suppléant, en quelque manière que ce soit, pour tout le temps que nous ne vous avons point rendu notre culte. C'est, Sainte-Vierge, ce que nous faisons aujourd'hui en nous joignant aux Messieurs de Chartres, afin de n'avoir avec eux qu'un esprit, qu'un cœur, et qu'une bouche, pour vous louer, pour vous aimer, pour vous servir. Nous les prions donc de vous présenter en notre nom et pour nous tous les devoirs qu'ils vous ont jamais rendus. Oui, ce seront eux (car nous espérons qu'ils ne nous refuseront pas), ce seront eux, lesquels, autant qu'il est possible, nous acquerront auprès de vous, pendant que leur ferveur satisfera pour notre lâcheté, leurs connaissances pour notre ignorance, leurs richesses pour notre pauvreté. Au reste, Vierge mère de Dieu, quoique vous ayez déjà enfanté votre fils, cela n'empêchera pas qu'à l'exemple des Chartrains, nous ne vous honorions, même à présent, sous le titre de la Vierge qui doit enfanter, puisqu'il ne vient qu'à vous, en demeurant toujours vierge, de nous avoir pour vos enfants. Comme nous vous honorons ici dans une chapelle semblable à la maison où vous avez donné à Dieu une vie humaine, nous espérons que vous nous y donnerez une vie spirituelle ; ce sera ainsi qu'étant toujours vierge, vous serez aussi mère non seulement qui a enfanté ou qui enfante, mais qui enfantera toujours jusqu'à ce que Jésus soit parfaitement formé en nous tous. C'est ce que nous demandons en vous présentant ce collier, pour marque que nous sommes liés à vous en qualité de vos esclaves.

III.

Ego infrà scriptus Bartholomœus Guillonus cancellarius, testor reverendum patrem Quintinum Quenisset pœnitentiarium apostolicum, pro natione Gallicâ in ecclesiâ cathedrali sanctæ domûs Lauretanæ, tradidisse mihi pro sanctâ domo prædictâ idque nomine piæ ac ferventis Huronum missionis in novâ Franciâ, votivum munus *ex porcellanâ*, faciém videlicet oblongam ex granis albis nigrisque miro barbaræ gentis artificio itâ contextam ut in eâ grandiori charactere nigro voces istæ beatissimæ Virginis ad angelum efformentur : *ecce ancilla Domini, fiat mihi secundùm verbum tuum.* In quorum fidem has ej litteras manu meâ subscriptas et sigillo sanctæ domûs Lauretanæ munitas dedi Lauretii. die 17ª mensis julii 1674.

Bartholomœus Guillonus cancellarius meâ propriâ manu subscripsi.

IV.

REMERCIMENTS DE LA NATION HURONNE AU CHAPITRE DE CHARTRES DE LA CHEMISE D'ARGENT, REMPLIE DE RELIQUES, DONT ON LUI AVAIT FAIT PRÉSENT.

11 novembre 1680.

†

Viris clarissimis

D.D. Decano et Canonicis cathedralis ecclesiæ Carnutensis, Carnutum.

†

Antiquissimæ et illustrissimæ Carnutum ecclesiæ nova et
humilis HURONUM ecclesia salutem in X° plurimam D.

Exhibita est nobis charta ingens et elegans, in quâ
scripta sunt verba quæ locuti estis. Illa autem sunt
hujus modi, si benè accepimus ab nostris in Christo
patribus qui litteras nôrunt. Pollicemini vos omnes in
vestris ad Deum precibus memores nostri forè, admitti-
tisq; in partem eorum omnium quæ rectè et christianè
facietis. Mirati sumus vehementer eos, quos audivimus
et sanctos esse et nobiles divitesque, cogitare de nobis
qui nullâ omninò re commendabiles simus, sed posteà
desiimus mirari quod preces ad Deum solliciti de salute
nostrâ fundatis.

Quippè existimavimus id vos Deo facere, quod estis
principum similes, qui apud regem gratiosi, jure
iratum filio suo placare et precibus vincere conarentur.
Tametsi barbari sumus, patrem habemus Deum sed
infensum meritò nobis nationi prauæ; vos verò qui apud
illum plurimùm quia estis sancti potestis, conamini
vestris precibus ex irato placatum reddere. Imò facilem
vultis facere ad cœlos ascensum; estis enim procerarum
arborum instar : nos hedera humilis repimus humi,
neq; assurgere licet nisi alieno fulciamur adjumento;
hortamini ut adhæreamus vobis et conjungamur, quo et
ipsi vestro usi adminiculo excelsiores facti cœlum attin-
gamus. — Alterum est, ut vestræ habent litteræ, *sacras
misistis reliquias, argenteâ ponderosâque inclusas thecâ,
quæ Virginis Matris indusium repræsentat.* Illud sanctorum
ossium veluti agmen cùm primùm aspeximus, hæc
animos cogitatio subiit, vos ab ipsâ Galliâ vidisse
pagum hunc nostrum undique cinctum ab hostibus qui
nostræ insidientur saluti, et misertos periclitantium
misisse auxilia. Tanto aucti præsidio, nil metuemus
in posterum; cùm hostis irruet, a novis patronis pete-
mus, et ut spes est, sentiemus opem, ac si quandò
malus Dæmon suadebit, ut relicto pago belluarum more
vagemur in sylvis, sanctorum conspectus ossium quibus
sedes apud nos stabilis, stabilitatis quoque admonebit
Mariano in cultu, ut nostris unus ac penè idem qui
et sanctorum ossibus aliquandò sit locus; aliud quoque
munus erit sacrarum reliquiarum; nempè cùm œdis
nostræ jàm sint decus atque ornamentum ingens, elo-
quentur eo verborum genere quo a nobis capiantur.
Quantùm ergà Deiparam studium sit nostrum, quòd

patrio non contineatur ambitu, sed etiam ultrà maria ipsa extendatur pro utroque beneficio, et quòd misistis eximiam pretiosamque reliquiarum arculam, et quòd vestrarum participes orationum facitis, grates quàm possumus maximas habemus, statuimusque, si Deus faverit, omni cavere curâ ne quid agamus unquàm istâ indignum societate, quam inire nobiscum ipsimet ultrò voluistis, enim verò si quem e plebeiâ fece princeps adoptaret filium sibi, teneretur ille mores exuere pristinos et principe dignos inducere, sic et nobis putamus eam dèinceps vitæ rationem secundam, quam tenere deceat quos adoptastis; prætereà illud pollicemur, omni die ac loco enixè rogaturos Deum, ut vos omnes magis ac magis bonis cœlestibus augeat, et cùm primùm audiemus e vobis aliquem vitâ functum, justa illi pro nostro hîc more solvemus, hoc tantùm, quæ nostra tenuitas est, volemus rependere pro maximis in nos beneficiis vestris. Cœterùm quandò ipsi nec scribere possumus, nec vos adire et colloqui, rogamus nostros in Christo patres e societate Jesu, ut quod diximus in casu publico, vobis Huronicæ gentis nomine significent.

Ne quœso putetis, viri clarissimi, quæ ad vos Huronum nostrorum nomine præscribo, à me non ab iis esse profecta. Latinò tantùm, quantâ potui fide reddidi quæ ipsi patriâ linguâ me præsente et audiente dixerunt. Multa omisi consultò, quæ forte non ingrata vobis acciderunt, sed hoc satis superque esse duxi ut intelligatis barbaros, nec ingenii expertes nec humanitatis. Gratulor mihi hanc datam mihi occasionem testandi

quæ mea sit ergà venerandam, illustremque societatem
vestram reverentia et voluntas, ut potè qui sint,

Viri clarissimi,

omnium vestrorum obsequentissimus
addictissimusque in Xº servus,

NICOLAÜS POTIER,

è societate Jesu sacerdos.

<hr>

V.

REMERCIMENTS DES HURONS AU CHAPITRE DE CHARTRES,
EN LANGUE LATINE,
PAR LE RÉVÉREND PÈRE POTIER DE LA COMPAGNIE DE JÉSUS
ET DIRECTEUR DE CETTE NATION, TRADUITS DANS
L'EXPRESSION NATURELLE DE CES SAUVAGES, PAR LE
R. P. LAMBERVILLE, JÉSUITE ET ANCIEN
MISSIONNAIRE AU CANADA, DU 11 NOVEMBRE 1680.

La nouvelle église des pauvres Hurons salue humble-
ment en *Iessous*, les Doyen et Chapitre de Chartres
de la très ancienne et très vénérable Église de
Chartres.

On nous a fait voir une grande et belle écorce
parlante dont nos pères qui nous instruisent entendent
et nous ont raconté la voix. C'est votre voix même et

voici comme elle est faite. Nous promettons de dire au
grand maître de nos vies que nous pensons qu'il ait
pitié de vous tous, comme de nous, et que quand
nous ferons bien, vous soyez censés faire bien avec
nous. Mais, voici comme nous, gens de rien, pensons
et admirons. O que nous sommes heureux d'apprendre
que vous qui ne péchez point, qui êtes les grands
amis du Seigneur de la terre et du ciel, qui avez
abondamment tous vos besoins, vous qui êtes considérables dans vos familles et dans les conseils où vous
vous distinguez par votre grand esprit, vouliez bien
songer à nous qui sommes des *ontouagannha*, c'est-à-
dire des gens grossiers que vous appelez sauvages, qui
sont pauvres et sans esprit.

Nous n'avons ensuite cessé d'admirer que vous ayez si
bien pensé et si bien parlé de nous au grand maître
de nos vies pour qu'il nous introduise dans le ciel.
C'est que vous avez ressemblé ces grandes voix et ces
considérables parmi vous, qui approchent avec plus de
succès que les gens du commun celui qui lève la tête
plus haut que les autres, que vous appelez roi et nous
la haute montagne, lequel vous tâchez de réconcilier
par votre crédit avec ses enfants contre qui il était
fâché. Vous voulez que ce grand roi du ciel ne se fâche
pas contre nous et qu'il nous aime et qu'il nous permette d'entrer dans l'heureux pays des âmes quand
nous mourons. Vous ressemblez ces grands arbres et
nous ces lierres qui rampent en terre sans pouvoir
s'élever qu'en s'attachant aux arbres les plus hauts.
Ainsi, nous vous prions qu'en nous joignant à vous,

vous nous éleviez jusqu'au ciel. Vous nous parlez encore
dans cette grande écorce blanche et vous nous exposez
un présent d'un métail blanc et précieux, tant pour
son poids que par sa ressemblance de la chemise de
celle qui enfanta sans connaître d'homme. Il y a, dites-
vous, dans cette chemise des ossements des bons
chrétiens dont l'âme est allée au ciel après avoir bien
vécu, en suivant la voix du grand maître de nos vies
que *Iessous* nous est venu du ciel raconter en terre.
En voyant ces ossements, nous avons pensé que, de
votre pays, vous avez aperçu que nos cabanes réunies
au village étaient incessamment environnées des nations venues du fond de la terre pour nous y entraîner
et nous y traiter en esclaves dans des creux horribles
où le feu ne s'éteint point. Vous avez eu pitié de nous,
en nous donnant par ces ossements précieux un excellent
préservatif contre le poison dont ces ennemis de notre
bonheur se servent pour nous corrompre, nous infecter
et nous perdre. Cette nation, sortie des entrailles de
la terre, ne pourra souffrir la présence de ces ossements qui serviront de palissade à notre village contre
leurs attaques. Les bons esprits qui animaient ces os
précieux viendront à notre secours et nous feront vivre
doucement dorénavant sous leur bouclier et sans être
troublés de la crainte.

Quand le mauvais esprit venu des creux de la terre
viendra nous gâter l'esprit en nous faisant penser de
quitter notre village (revenu saint par la demeure de
ces os parmi nous), et pour aller courir comme des
bêtes vagabondes dans les bois, alors, le souvenir que

nous aurons de ne pas abandonner nos protecteurs en les laissant seuls, nous retiendra comme avec une corde bien forte, dans le lieu où nous devons être attachés au service de *Iessous* et de Marie, afin qu'un jour nous demeurions dans les belles cabanes qui font le grand et beau village de *Iessous*, et où les esprits saints, dont nous avons les os, font leur demeure pour toujours. De plus, par la présence de ces ossements, nous savons estimer combien vaut votre affection pour la mère de celui qui a fait le ciel et la terre, puisque vous nous en donnez des marques jusqu'en deçà du grand lac salé, où il semble que vous nous fassiez souvent entendre par vos présents dignes de vous : honorez Marie comme nous l'honorons.

A ces deux grandes preuves de votre bon esprit pour nous, nous disons très-véritablement deux fois grand merci et nous avons affermi notre esprit (qui, comme nous croyons, ne mentira point, aidé qu'il sera du maître du ciel), pour ne rien faire ni penser qui avilisse l'estime que nous faisons d'être de vos amis et plus qu'amis, car vous nous aimez comme si nous étions vos enfants puisque vous avez pensé ensemble, nous adoptons et prenons pour nos enfants ceux à qui nous avons envoyé nos présents. C'est ce qui nous exhorte à ne point déshonorer cette qualité. En faisant mal au lieu de faire bien nous la déshonorerions. Nous n'avons rien à vous dire et encore moins à vous donner pour reconnaître la pitié que vous avez de nous. Voici ce que nous pensons, c'est de prier le grand maître de nos vies qu'il ait aussi pitié de vous en vous aimant toujours

de plus en plus, à cause de votre bonne vie exempte
de faire ou de penser mal, et lorsque nous apprendrons
que quelqu'un de vous ayant assez goûté la terre, sera
allé auprès des âmes, nous ferons pour lui les prières
que nous avons coutume de faire étant assemblés dans
la sainte cabane, pour ceux qui nous ont fait du bien
tandis qu'ils vivaient sur la terre. Voilà tout ce que
notre souvenir de ce que vous avez daigné vous abaisser
jusqu'à nous de la manière que nous venons de raconter,
peut offrir à vos personnes saintes, ce que *Iessous* aime
extrêmement, devant qui nous sommes si petits en
comparaison de vous, qu'à peine nous daignerait-il
regarder si vous ne le priez de ne nous pas mépriser
entièrement.

Parce que nous ne savons pas faire parler l'écorce
blanche, ni vous aller trouver pour vous faire entendre
et voir comme notre voix est faite, nous avons em-
prunté le secours de nos pères qui nous instruisent,
pour vous raconter ce que le conseil de notre nation
Huronne assemblée désire que vous appreniez.

VI

LETTRE DU R. P. CHAUMONNOT, JÉSUITE ET MISSIONNAIRE.

A Messieurs, Messieurs du Chapitre de l'Église cathédrale de Notre-Dame de Chartres.

†

De Lorette en Canada [1],
ce 11 novembre 1680.

MESSIEURS,

Il paroist bien que vous estes les vrays et dévots serviteurs de la Vierge, puisque vous estes imitateurs de ses vertus, particulièrement de son humilité. N'est-ce pas estre bien humbles que des personnes comme vous, si éminentes en vertu, en doctrine et en noblesse, ayent daigné admettre de pauvres sauvages à la participation de leurs prières. Pour peu d'amitié qu'une personne de qualité montre à un pauvre paysan, il s'en tient grandement obligé. Quels sentiments donc de reconnaissance n'auront pas nos Hurons pour vous de qui ils ont reçu de si magnifiques présents. Ils

---

[1] Le mot Canada dérive d'un mot iroquois, lequel signifie réunion de cabanes.

auraient sujeet de dire à chascun de vous ce que Saint-Bernard disait au Sauveur : *tantò mihi rarior quantò pro me vilior.* Vous avez d'autant plus justement gagné nos respects et nos affections que vous vous estes plus abaissés en nous associant tous, pauvres barbares que nous sommes, à vos personnes. Je ne trouve aucun passage en l'évangile, où Notre-Seigneur fasse paroitre plus de joie que celle qu'il témoigna un jour, à l'occasion de la bonté de son père, à se communiquer à ceux pour qui le monde n'a que du mépris. Je ne doute nullement, Messieurs, que vous ne lui ayez causé une nouvelle joie, lorsque vous aurez fait pour nos pauvres néophytes ce que vous n'avez peut-être jamais fait, mesme pour des personnes de la première qualité, et ainsi vous avez pu faire répéter dans le ciel au Sauveur, ce qu'il a dit sur la terre : *confiteor tibi, pater, etc.* Je vous rends grâce, mon père, de ce que vous avez communiqué votre esprit aux bons serviteurs de ma mère, en leur inspirant d'admettre à la participation de leurs oraisons et suffrages, des sauvages, les derniers des hommes, à l'exclusion de tant d'autres personnes dont tout le monde admire la sagesse et les beaux talents. Je craindrois, Messieurs, d'offenser votre modestie, de parler ici davantage de l'honneur que vous méritez, pour vous estre bien voulu ravaller jusqu'à cette société de prières et de gain spirituel avec de pauvres sauvages. Je suis certain que vous ne souhaitez pas tant de sçavoir l'estime que l'on a ici de votre vertu et de vos intérêts, que d'apprendre l'honneur qu'on a rendu aux saintes reliques que vous avez eu la bonté de nous envoyer; c'est ce qu'il va faire.

Estant convaincus du culte que l'on doit rendre aux vrayes reliques des Saints et aux principaux signes de notre rédemption, comme sont la croix où le Sauveur est mort, et la chemise qu'avoit la Vierge lorsqu'il nasquit d'elle, nous avons tasché de ne rien omettre de tout ce que nous avons pu, la première fois que nous exposâmes à la vénération publique la chemise d'argent et les reliques que vous avez eu la bonté de nous envoyer. Voicy donc ce que nous avons fait. Quelques jours devant la Toussainct, nous publiâmes tant aux François qu'aux sauvages, que votre illustre Compagnie auoit envoyé à l'église naissante des Hurons un riche don avec quantité de reliques que nous ferions voir et honorer le jour de cette feste; nous ornâmes nostre autel le mieux que nous pusmes et préparâmes une belle niche au-dessus du tabernacle pour y eslever vos sainctes reliques. Le lendemain, tout le monde étant assemblé dans la chapelle de la Vierge, le P. Potier, qui a soin avec moy de la mission, fit un discours aux François de l'estime que l'on devoit faire des reliques que nous avions reçues de vous, et de la chemise qui les renferme, il dit le même en Huron aux sauvages, en adjoustant qu'ils vous avoient une troisième obligation de ce que vous les aviez comme adoptés, en leur donnant part comme à tous vos biens spirituels, comme à leurs vrays enfants. Ensuite le Père s'estant revestu d'une belle chappe que Madame la Gouvernante de Caen nous a envoyée cette année, et estant accompagné de deux acolytes en robbes et surplis, il encensa le reliquaire et les reliques qui estoient au milieu de l'autel, et puis, pour remercier la B. Vierge de ce qu'accompagnée d'un bon nombre de ses serviteurs et servantes elle venoit de sa plus ancienne maison prendre possession de celle qu'on luy a nouvellement faicte icy; il entonna l'hymne *Ave, maris stella etc.* et les prières finies, le père ouvrit le reliquaire pour donner la consolation au peuple de voir les sacrées reliques qu'il contient; il permist mesme à plusieurs de les baiser; Après, il les remit dans la niche où elles furent exposées tout le reste du jour. Aussitôt on chanta la grand'messe qui fut dicte pour vous; et tous ceux que la célébrité de la feste et la sainte curiosité avaient attirés à nostre chapelle furent invités d'offrir pour vous la communion qu'ils alloient faire. Tous nos néophytes firent de même; tous ceux qui ne purent pas, ce jour-là, vous rendre ce devoir s'en sont acquittés depuis. L'après-diner, les principaux Hurons estant assemblés dans la plus grande cabane du bourg, je leur demanday quels sentiments ils avoient d'avoir reçu un si saint et magnifique présent. La lettre latine qu'on vous envoye ¹ est un syncère et véritable récit de ce que les deux capitaines et quelques anciens dirent au nom de tous. Alors on conclut que vous auriez aussi part à tout ce qui se feroit jamais de prières et de bien dans leur mission, que tous les jours on prieroit Dieu pour votre illustre compagnie, qu'on aurait une singulière dévotion aux saints dont vous nous avez envoyé des reliques, comme à nos nouveaux patrons et que la chemise d'argent seroit toujours

¹ Voy. p 4 ci-dessus.

exposée dans une belle niche au-dessus de notre tabernacle.

Je suis bien aise, Messieurs, d'avoir cette occasion de vous témoigner l'estime que nous faisons et le respect que nous portons à vostre saint et vénérable chapitre dont on nous a fait un si grand récit ¹ et duquel je ne manque point depuis longtemps de me souvenir particulièrement dans mes petites prières et que je continueray de faire tout le reste de ma vie, y estant maintenant plus obligé que jamais après avoir honoré de si beaux dons notre chère mission.

Je suis avec respect,

Messieurs, votre très-humble et très-obéissant serviteur en Jésus-Christ,

PIERRE-JOSEPH-MARIE CHAUMONNOT,

De la Compagnie de Jésus.

---

¹ Le diocèse de Chartres était avant son démembrement l'un des plus anciens et des plus considérables des 132 diocèses de France; Chartres en était le siége. En 1697, sous le pontificat d'Innocent XIII, les archidiaconés de Blois et de Vendôme furent distraits avec 54 paroisses de l'archidiaconé du Dunois pour former le diocèse de Blois. En 1738, il était encore cité comme l'un des plus grands diocèses du monde chrétien.

VII.

LETTRE DU R. P. BOUVART, JÉSUITE, MISSIONNAIRE.

A Messieurs, Messieurs les Chanoines de l'église cathédrale de Notre-Dame de Chartres, à Chartres.

A Québec [1], le 12 de Novembre 1680.

MESSIEURS,

La paix de Notre-Seigneur !

Vous excuserez, comme je croys, la liberté que je prends d'écrire à vostre illustre compagnie, puisque c'est vous-mêmes qui m'en avez imposé l'obligation, en m'adressant d'une manière si encourageante le très-beau, le très-riche et le très-saint présent que vous faites à nostre mission Huronne, ce dont, tous nos pères et moy ne pouvons vous témoigner assez de reconnoissance. L'ayant reçu le 15ᵐᵉ d'octobre dernier, je le fis voir ici à toutes les personnes de mérite, entre lesquelles Monseigneur de Laval, premier et très-digne évêque de Québec [2] souhaita que je vous assurasse de sa

1 Québec est un des cinq districts du bas Canada.

2 François de Laval-Montmorency était fils de Hugues de Laval, seigneur de Montigny; il fut d'abord archidiacré d'Evreux, puis nommé, en 1675, au siége épiscopal nouvellement érigé à Québec; il y fonda un séminaire et s'y fit remarquer par son éminente piété. Il y mourut en 1708.

part qu'ayant toujours fait une estime toute particulière de vostre illustre corps, il en avoit encore une tout autre idée en voyant un don et une lettre si dignes de votre zèle pour l'augmentation de la foy. Les communautés des religieuses Ursulines et Hospitalières me prièrent de leur laisser un jour entier la chemise d'argent, afin de faire un salut à la Sainte-Vierge devant ce reliquaire sacré et de rendre au moins quelque respect aux Saints dont elles voyaient avec joie les précieuses reliques. Tous nos religieux, aussi bien que messieurs les chanoines et les ecclésiastiques de cette ville que j'oubliois, n'y ont pas eu moins de dévotion et ils les ont même supposées par la juste approbation qu'ils ont tous donnée à vostre lettre toute apostolique. Nostre R. P. Supérieur nous ordonna de prier très-particulièrement pour vous tous comme pour d'insignes bienfaiteurs de cette mission et il me fit même un billet exprès dans notre sacristie afin que l'on se ressouvint de s'acquitter d'un si légitime devoir. Aussi, ne se peut-il rien de plus obligeant que la manière dont vostre compagnie en a agi dans cette occasion où elle a fait paroître et la libéralité en offrant un présent d'un très-grand prix et la capacité en l'accompagnant d'une lettre si spirituelle pour les pensées, si pure pour le style et si pleine de l'esprit divin, qu'il ne se peut rien de mieux, et sa piété en envoyant une chose si sainte et en l'accompagnant de tant de prières, de communions, de messes et de bonnes œuvres offertes et à offrir pour nos pauvres sauvages auxquels vous faites l'honneur de les associer comme vos enfants et vos héritiers en Jésus-Christ, puisque vous leur faites

part de tous vos biens spirituels. Il n'est pas jusqu'à la
très-belle graveure de la chemise d'argent qui ne
marque l'alliance que vous faites de Nostre-Dame de
Chartres avec Nostre-Dame de Lorette en Canada :
puisque représentant d'un costé l'ancienne et la miraculeuse image de la Vierge avec la grotte faite par les
Druides, de l'autre elle représente le miracle des miracles, c'est-à-dire le mystère de l'Incarnation qui
s'accomplit à Nazareth dans l'originaire maison de
nostre nouvelle Lorette. J'ai bien eu du déplaysir
qu'un gros rhume dont je ne suis pas encore tout-à-
fait quitte, m'ait empesché de porter moy-même vos
présents à cette mission qui n'est qu'à trois lieues de
cette ville; je l'ay donc envoyée aux PP. Chaumonnot
et Potier qui sont les missionnaires des Hurons. Le premier travaille à leur conversion depuis plus de qua-
rante-deux ans et le second me succéda lorsque j'en
fus retiré par l'obéissance pour prendre icy la part
d'un de nos pères qui enseignait la théologie et qu'une
fluxion sur la poitrine nous enleva. Ces deux autres
pères se donnent l'honneur de vous écrire pour marquer
à votre illustre corps comment eux et leurs sauvages
ont reçu de si bons et riches gages de votre affection.
Vous serez peut-être surpris que de pauvres gens élevés
au milieu des bois et des forêts soient capables d'avoir
les sentiments que l'on vous marque dans ces lettres,
nommément dans la latine. Mais vous saurez, Messieurs,
que leur coustume, lorsqu'ils ont quelque affaire, est
d'assembler le conseil composé de tous les principaux
du bourg, la chose estant proposée par un des capitaines, chacun dit son avis, même les femmes; ensuite

on examine quelles sont les meilleures raisons que l'on
a apportées sur le sujet dont il s'agit, on donne après
quelque ordre à celles dont on a fait le choix. Enfin,
quelqu'un répète, comme en un corps de discours,
toutes les lumières que l'on a eues dans l'assemblée et
tous les moyens que l'on doit tenir pour faire réussir
l'affaire. C'est, Messieurs, ce qu'ils ont fait à vostre
sujet, après quoy ils ont prié les pères de vous faire
savoir leurs pensées et leurs sentiments en une langue
qui vous fut connue, sachant par expérience que leur
Huron ne l'est pas aux François. Nos deux missionnaires
de Lorette [1], ayant tasché de s'acquitter le mieux qu'ils
ont peu de cette commission et vous ayant escrit au
long ce que je vous pourrois mander sur ce sujet, il
ne me reste plus, sinon de vous assurer de mes respects
et de mon souvenir principalement à l'autel ; de vous
demander quelque part dans vos saints sacrifices et
dans vos bonnes prières et de vous supplier tous de me
croire en vérité,

Messieurs,

de votre très-illustre Compagnie,

très-humble et très-obéissant
serviteur en N.-S.,

MARTIN BOUVART [2],

Rel. ind. de la congrég. de Jésus.

[1] Les PP. Chaumonnot et Potier.

[2] Entre ces missionnaires on trouve le P. Bouvart qui était de
Chartres, comme on m'a assuré.   (D. Liron, bibl. gén.)

1692-1702.

I.

Vœu des Abnaquis de la mission de Saint François de Sales, en la Nouvelle-France.

Nota. Ce vœu étant exprimé dans la langue des Abnaquis, nous ne reproduisons pas ce texte. La lettre du 25 septembre 1699, dit quelque chose de cet idiome.

II.

Lettre du R. P. Bigot, Jésuite missionnaire.

†

A Monsieur, Monsieur PATIN, chanoine official et vicaire général de Chartres.

Monsieur,

J'ay reçu aujourd'huy la lettre que vous m'auez fait l'honneur de m'écrire ; je vous advoue que j'ay ressenti une joye toute particulière en lisant le narré que vous avez pris la peine de me faire de la manière dont on a reçu dans votre auguste église le présent et le vœu de nos pauvres sauvages. On ne le pouvoit faire d'une manière plus obligeante et en même temps plus avanta- geuse pour ces nouveaux chrestiens. J'attends tout après cela de la protection de la très-sainte Vierge pour ces peuples éloignés. Je ne puis vous le dissimuler que je ressens un extrême désir de retourner au plus tôt à cette nation [1] pour luy raconter moy-même la manière dont ses vœux ont esté reçeus aux pieds des autels de la reyne du ciel et les vœux qu'on a faits en même temps pour cette nation afin d'obtenir pour elle de la S. Vierge une nouvelle faveur. Je souhaite de tout mon cœur que ma santé me permette d'accompagner la réponse que vous avez dessein d'envoyer à ces chers sauvages pour animer leur piété. En vérité, votre illustre chapitre fait bien connoître par là la pureté de son zèle et l'unique désir qu'il a de faire glorifier la Ste Vierge, recevant si obligeamment les vœux que les plus pauvres personnes présentent à la Ste Vierge. Je prie de tout mon cœur l'auguste mère de Dieu de récompenser le zèle de la gloire qu'ont fait paroistre tous vos Messieurs dans cette action si charitable à l'égard de nos pauvres sauvages; vous allez par là les gaigner tous entièrement au service de Marie. Permettez-moi de présenter encore une fois mes respects à tout votre illustre chapitre et de le remercier pour mes chers sauvages de toutes les bontés qu'il a pour eux.

Je suis avec un profond respect dans la participation de vos saints sacrifices,

Monsieur, votre très-humble et très-obéissant serviteur en N.-S.,

JACQUES BIGOT,

De la compagnie de Jésus.

À Paris, le 27 janvier 1692.

1. V. la lettre du 27 octobre 1691.

III.

LETTRE DU R. P. BIGOT, AU CHAPITRE DE CHARTRES,
AU NOM DE LA NATION DES ABNAQUIS,
A L'OCCASION DE LA LETTRE QUE LEUR AVAIT ADRESSÉE
LE CHAPITRE POUR LES ASSURER DES PRIÈRES DE L'ÉGLISE
EN LEUR FAISANT ESPÉRER UN DON DE RELIQUES.

MESSIEURS,

Mes chers Abnaquis ont esté charmés de la lettre que vous leur avez fait l'honneur de leur écrire. Leurs gestes et leurs manières, quoique sauvages, si vous aviez pu en être témoins, vous auroient persuadés de la sincérité de leur reconnoissance. Auparavant que de la tourner en leur langue, je l'ay lue et relue bien des fois pour y puiser cet esprit de ferveur et de zèle dont elle est animée, afin de le faire couler autant qu'il me seroit possible, dans la version que j'en voulais faire. Permettez-moi, Messieurs, de vous le dire. Je reconnois dans cette aimable lettre le vray caractère des fils aînés de la Sté Vierge ; non, personne ne peut vous disputer cette illustre qualité ; puisqu'enfin vous avez l'honneur d'être les gardiens de ce saint temple, de ce temple si recommandable par son antiquité, bâty en l'honneur de cette incomparable Vierge qui devoit enfanter, mais bâty auparavant qu'elle naquit. J'ose ajouter puisqu'elle vous choisit elle-même pour estre les dépositaires du plus précieux trésor que nous ayons d'elle. Je ne suis point surpris, Messieurs, que vous ne respiriez dans votre lettre que l'amour du fils et de la mère; que vous tâchiez de l'inspirer à nos chers sauvages, et d'unir ces deux amours dans leurs cœurs. Peut-on appartenir de si près à la mère sans avoir à cœur les intérêts du fils? Je vous avoue, Messieurs, que je ne sçaurois vous marquer autant que je le souhaiterois les sentiments sincères d'estime et de respect que j'ay pour vous. Je peux bien vous dire que mon cœur a beaucoup plus de part que ma plume à ce que je me donne l'honneur de vous écrire; mais de quelle utilité vous peut être toute l'estime qu'a pour vous un pauvre missionnaire à un bout du monde, lorsque cette vie si exemplaire et si religieuse que vous menez vous attire l'estime et l'approbation de tous ces concours de peuples qui vont continuellement honorer vos sacrés dépôts [1]. Au moins me satisfay-je un peu moy-même en cela, vous marquant de l'unique manière dont je le peux l'extrême reconnoissance que j'ay en mon particulier de l'honneur que vous faites à nos Abnaquis. Ils attendent avec impatience le magnifique présent que vous avez la bonté de leur faire. L'on a conseillé à mon frère de ne nous l'envoyer que l'année prochaine, de peur qu'il retombast entre les mains des Anglois nos ennemis [2]. Lorsque nos chers chrétiens l'auront reçu, ils vous en remercieront eux-mêmes, et je ne

[1] La plus grande dévotion des Chartrains et des pèlerins est à ce saint autel que l'on appelle l'autel de Notre-Dame de *Souterre*.
         (*Sablon*, Hist. de l'église de Chartres.)
[2] La paix générale fut signée à Ryswick le 10 octobre 1697.

seray pour lors que leur interprète. En attendant que
j'aye l'honneur de vous écrire, permettez-moy de vous
demander un peu de part dans vos prières, surtout
lorsque vous célébrerez les saints mystères dans la
sainte et vénérable maison de votre grande reine et
de vous assurer tous en particulier de toute la sincérité de mon cœur, que je suis, avec un très-profond
respect,

  Messieurs,

   votre très-humble et très-obéissant
   serviteur,

    V. BIGOT,
    De la Compagnie de Jésus.

En la mission de S. François de Sales, proche
Sillery, 7 octobre 1692.

IV.

LETTRE DU R. P. BIGOT.

☩

A Messieurs, Messieurs le Doyen et les Chanoines de
Notre-Dame de Chartres, à Chartres.

MESSIEURS,

Je souhaitterois que vous eussiez vous-mesmes esté
témoins des sentiments de respect, de dévotion et de

tendresse auec lesquels nostre précieux don a esté receu par nos Abnaquis. J'ay esté assès heureux pour en estre moy-mesme le porteur, retournant de France à ma chère mission; le peu de seureté qu'il y auoit à l'enuoyer me l'auoit fait retenir en France iusqu'à mon départ. Mais ie crus le pouuoir risquer en m'embarquant moy-mesme et ie ne doutay point qu'il ne me dust estre comme une sauuegarde contre tous les dangers de la mer. Dès que je fus arriué à Québec nos sauuages chrestiens de cette mission, qui en est éloignée enuiron de deux lieues, m'y vinrent trouuer, firent paroître une joye toute particulière lorsque ie leur dis que j'avois apporté auec moy le saint présent qu'ils attendoient auec tant d'impatience. Dès le lendemain je partis de Québec auec nos chers sauuages pour venir disposer icy le lieu le plus honorable de notre chapelle, où je souhaitterois placer votre précieux présent. De vous exprimer, Messieurs, les sentiments de tendresse et de déuotion qui accompagnèrent cette cérémonie, c'est ce que je ne puis faire moy-mesme qui en ay esté le témoin.

Ce n'est plus moy maintenant qui vais vous parler, Messieurs, je ne suis que le secrétaire et l'interprète de nos feruents chrestiens qui veulent eux-mesmes vous répondre. Je m'en vais donc vous faire une copie de ce qu'a dicté leur orateur et qui leur a esté ensuite relue dans leur conseil. J'y ajouteray l'interprétation avec toute la fidélité qui me sera possible; la fréquente composition des mots qui se trouuent en cette langue et qui n'est point dans la nostre, ne permettant pas quelquefois qu'on les puisse rendre dans toute leur force. Je vous auoue, Messieurs, que je me trouve infiniment honoré de la commission dont je suis chargé, me flattant qu'elle me procurera au moins un peu de part dans le souuenir de tant d'illustres seruiteurs de la très-sainte Vierge et qu'ils la prieront un peu pour moy, c'est la grâce que vous demande instamment celuy qui est, auec un très-profond respect,

Messieurs,

notre très-humble et très-obéissant
seruiteur en N.-S.,

JACQUES BIGOT,
De la Compagnie de Jésus.

De la mission de S. François de Sales,
ce 27 octobre 1694.

—————

V.

LETTRE DU R. P. BIGOT

A Messieurs, Messieurs les Doyen et Chanoines du très-illustre Chapitre de Notre-Dame de Chartres.

MESSIEURS,

Je ne sçaurois penser qu'avec des sentiments d'une extrême reconnoissance à la grâce que vous avez faite à nos chers Abnaquis, et rien ne me paroit plus capable d'entretenir leur ferveur que de leur remettre devant les yeux cette sainte association qui les unit à vous, cette sainte union que vous avez bien voulu contracter avec eux. Il y a trois ou quatre mois que, trouvant ici leur réponse à l'obligeante lettre que vous leur avez fait l'honneur de leur écrire sur cela, la pensée me vint de la renouveler et de vous la renvoyer avec un nouveau présent pour la très-sainte Vierge. Lorsque je la leur proposai, ce fut un applaudissement si général qu'il ne me laissa aucun lieu de douter que je ne leur fisse un extrême plaisir. Ils ne pensèrent donc plus qu'à faire *un collier de porcelaine*, le plus magnifique, disoient-ils, qui se fut jamais fait, et à fournir aux meilleurs ouvriers du village, que l'on choisissoit pour cela, tout ce qu'il faudroit pour le bien exécuter. Pour ce qui est des paroles qui devoient y estre écrites, je leur en donnai un modèle et c'est tout ce que j'ai pu contribuer de ma part avec la version françcise que j'ai faite, ce me semble, avec la dernière exactitude; notre langue me paraissant plus capable que la latine des tours de la langue Abnaquis. Je vous supplie donc, Messieurs, au nom de tous nos fervents chrestiens, de vouloir bien encore offrir à la Sainte-Vierge ce petit présent. Quoiqu'il n'ait rien que de sauvage, elle y verra parfaitement leurs cœurs et tous les sentiments d'amour et de tendresse dont ils sont pénétrés en le lui offrant. Nous le lui avons déjà offert ici, le mettant aux pieds de la statue, pendant deux neuvaines entières, durant lesquelles, outre les prières extraordinaires que l'on

faisoit tous les jours pour vous, l'on chantait l'*Inviolata*
en musique à la fin du saint sacrifice de la messe. Nous
implorions tous ensemble pour vous, Messieurs, le
secours et la protection de votre grande reine; et de
mon côté, rempli que j'étois d'une sainte joye, je la
suppliois du meilleur de mon cœur de vous faire sentir
l'effet de nos vœux et de nos prières par un accroisse-
ment et un renouvellement de ferveur en son saint
amour. Entre les deux neuvaines dont la première
commença le jour de l'Assomption et la seconde le
jour de la Nativité de la Sainte-Vierge, et qui finirent
toutes deux le lendemain de l'octave de ces deux
festes, nous fismes un service solennel pour les défunts
de votre illustre corps, afin de vous marquer que notre
reconnoyssance vous accompagnera jusqu'au tombeau
et au-delà du tombeau même, par nos prières et par
nos vœux. Ces saintes actions se font avec tant de modestie, de ferveur et d'exactitude pour le chant, que
les personnes qui en sont témoins ne peuvent souvent
retenir leurs larmes en y assistant. Peut-être que vous-
mêmes, Messieurs, tout accoutumés que vous soyez à
entendre chanter juste, vous seriez surpris de voir que
des sauvages soient capables d'une si grande exactitude
dans le chant, et que, dans la variété des chants qui
composent par exemple la messe des morts, dans ceux
que l'on fait après la messe sur la représentation, ils
suivent la note aussi exactement que s'ils avaient des
livres devant les yeux. Tout se chante en leur langue,
excepté ce qu'ils répondent en latin au célébrant. Les
femmes surtout ont de très-belles voix, aussi douces
et plus fortes que la voix des femmes françoises. Le

chœur des hommes prend la basse, lorsque l'on chante quelque *motet* à trois ou à quatre parties ; et, toutes les autres parties sont soutenues par plusieurs voix égales de femmes qui s'accordent parfaitement et qui ne s'écartent pas le moins du monde de leur ton, dans les reprises mêmes des chants, après quelque repos. Vous me pardonnerez bien, Messieurs, une si longue digression, qui vous fera un peu connoître les personnes que vous avez bien voulu honorer au nom de vos frères ; mais je compterois peu sur ces qualités naturelles et je ne croirois pas qu'elles les dussent rendre dignes de l'honneur que vous leur faites, si elles ne le méritoient un peu d'ailleurs. Si vous voyiez, Messieurs, leur ferveur, leur innocence et leur éloignement extrême qu'ils ont des moindres petites fautes, leur docilité pour nos saints mystères, leur modestie en y assistant, leur application continuelle à penser à Dieu, leur amour pour Jésus-Christ crucifié et pour sa très-sainte Mère, qui va très-souvent jusqu'à une extrême tendresse, un désir héroïque de souffrances de quelques-uns jusqu'à donner des marques sensibles de leur joye lorsqu'ils souffrent le plus, enfin toutes les marques de prédestination qui accompagnent ordinairement leur sainte mort ; je suis sûr que vous seriez sensiblement touchés d'un spectacle si doux et si consolant. C'est aussi là, Messieurs, la consolation des missionnaires parmi les petites peines qui sont jointes à leur emploi : et c'est par là que Notre-Seigneur les y soutient. Oseroi-je, Messieurs, vous demander une grâce, c'est de le remercier pour moi de l'honneur qu'il m'a fait de m'appeler dans ces missions et de m'y conserver depuis près de vingt ans, quelque éloigné que je sois de la ferveur et de la vertu de tant de braves et de saints missionnaires qu'il y a occupés et qu'il y occupe encore maintenant. Pouvez-vous aimer et estre unis si étroitement avec les enfants sans vous intéresser un peu pour leur père et pour leur missionnaire? Comptez s'il vous plaît, Messieurs, que je n'aurai pas moins de reconnoissance qu'eux de la grâce que vous me ferez, et que tous les jours de ma vie je me souviendrai de vous dans le temps le plus précieux de la journée, à l'autel, y célébrant nos adorables mystères.

Je suis de tout mon cœur et avec un très-profond respect,

Messieurs,

votre très-humble et très-obéissant serviteur.

V. BIGOT,
De la compagnie de Jésus.

De la mission des Abnaquis, proche Québec,
25 septembre 1699.

VI.

VERSION DE LA RÉPONSE DES ABNAQUIS DE LA MISSION DE
SAINT FRANÇOIS DE SALES [1],
A L'OBLIGEANTE LETTRE ET AU PRÉSENT QU'ILS AVAIENT
REÇUS DE MESSIEURS LES DOYEN ET CHANOINES
DU TRÈS-ILLUSTRE CHAPITRE DE NOTRE-DAME DE CHARTRES.

*Misimus renovare cum eis amicitiam
et societatem pristinam.*
(MACHAB. L. I. C. 12. V. 10.)

Nous vous saluons d'ici où vous estes, nous vous
saluons cent et cent fois, seigneurs, illustres serviteurs
de Marie, laquelle estant toujours Vierge, n'a pas laissé
d'enfanter le grand Dieu qui gouverne le ciel et la
terre. Nous vous saluons cent et cent fois très-hum-
blement, nos seigneurs et nos frères, quoique vous
vouliez bien nous honorer de cette qualité; et comment,
illustres serviteurs dans la maison de Marie, serions-
nous dignes de vous appeler nos frères, nous qui nous
jugeons même indignes de vous nommer nos seigneurs
et nos frères. Que l'on est digne de compassion lorsqu'on ne trouve point de paroles qui répondent parfaitement à la grandeur des sentiments du cœur! Nous
avouons que notre langue ne nous en fournit pas
d'assez énergiques pour peindre vivement à vos yeux

[1] Reçue en chapitre au mois de janvier 1700.

la grandeur de nos sentiments; soit que peut-être on
ne se soit pas encore avisé de vouloir dire en notre
langue ce que nous voudrions dire, soit qu'en effet
elle n'ait pas eu de termes capables d'exprimer la force
de nos pensées. Nos seigneurs et nos pères, tout irait
le mieux du monde, si, au lieu de nos foibles paroles
nous pouvions vous envoyer nos cœurs mêmes, afin
que vous pussiez y voir à découvert les sentiments
sincères d'estime et de reconnaissance qu'ils ont pour
l'honneur et la grâce que vous nous faites.

Grâces au ciel, ce que vous nous envoyez, ce je ne
sçais quoi d'infiniment précieux est arrivé. Dieu sçait
quels espaces de terres et de mers il lui a fallu traver-
ser pour arriver ici! Il y avait bien longtemps que
nous l'attendions avec impatience.

Dès le moment que nous fûmes avertis de la grâce
que vous vouliez bien nous faire, tous nos regards et
nos pensées se tournèrent toujours avec empressement
du côté de la France, sans qu'il nous fut possible de
les détourner ailleurs le moins du monde; comme si
dès ce moment nos cœurs eussent esté dans le lieu
où l'on gardait le précieux trésor que nous attendions
avec impatience. Mais qui pourrait dire la crainte dont
nous estions quelquefois saisis, en faisant réflexion au
peu de seureté et aux méchantes coutumes de la mer.
Hélas! peut-être, disions-nous, que la mer nous enlè-
vera notre précieux trésor et qu'il ne viendra pas jusqu'à nous! Mais enfin, grâces au ciel, nous avons le
bonheur de le voir de nos yeux et de lui rendre nos

devoirs. Soyez donc le bien venu, illustre don des fils aimez de Marie, dans lequel paroît très-évidemment la bonté qu'ils ont pour nous, pour nous qui en sommes infiniment indignes.

Pour ce qui est de votre lettre, nos seigneurs et nos pères, de quelle agréable surprise ne nous combla-t-elle pas? De quelles paroles choisies n'est-elle pas composée? Cela va jusques à l'admiration. Vos discours n'ont rien des discours humains. Ce sont des discours venus du ciel, par lesquels vous voulez nous donner de l'esprit, à nous qui n'en avons point. Qui pourroit exprimer le plaisir que nous prenons à les entendre, ces célestes discours, lesquels de si loin vous faites passer doucement dans nos cœurs; nous les y conserverons avec soin tandis que nous vivrons. Non, il ne nous échappera pas la moindre chose de ce que vous dites. Nous les laisserons en leur entier à nos enfants, par héritage, afin qu'en les entendant et en se les redisant les uns aux autres, ces paroles qui vous sont venues du ciel, elles leur servent de règle de conduite.

Il est vrai, nos seigneurs et nos pères, que nous aimions Marie qui est vierge et mère. Il est vrai que nous l'honorions sincèrement, mais il nous semble que tout à coup la surprise que nous cause vos admirables paroles augmente l'ardeur de notre amour pour notre bonne maîtresse. Nous lui consacrâmes, il y a quelques années, notre village, nos personnes et enfin tout ce que nous sommes. Nous lui renouvelons tous les ans cette donation le jour qu'elle fut portée au ciel en corps et en âme. Nous faisons maintenant une prière à notre père, lui qui prend la peine de vous écrire nos faibles paroles [1]. Nous le prions de vouloir bien encore vous envoyer la *Donation* que nous avons faite à Marie, et vous, nos bien aimez seigneurs et pères, lorsque vous l'aurez reçue, nous vous supplions de la présenter à Marie, car enfin nous nous persuadons qu'elle la regardera plus favorablement, qu'elle la recevra avec plus d'inclination lui estant présentée par vous qui estes ses favoris. Mais nous vous demandons instamment une grâce; ne nous la refusez pas : appliquez et faites toucher ce papier dans lequel est écrite cette donation que nous faisons à Marie, où vous applicâtes le précieux don que vous nous envoyez. Peut-être que de là il transpirera jusqu'à nous une nouvelle ardeur qui augmentera notre amour pour notre princesse et la vôtre.

Mais, à propos, comment pourrons-nous reconnaître vos bienfaits, nos très-honorés pères, nous qui sommes indignes d'être écoutés? A la vérité, nous prions pour vous, nous faisons des vœux continuels à Marie en votre faveur, peut-être qu'elle nous écoutera. Ses chers favoris pour lesquels nous la prions nous rendront dignes d'être exaucés. A propos, nous avons de nous-mêmes, sans le chercher ailleurs, ce qui nous rend dignes d'être écoutés, estant étroitement unis avec vous qui avez bien voulu que nous fissions communauté de prières et de bonnes œuvres. Comment donc,

____
[1] V. la lettre du 27 octobre 1694.

ne faisant plus qu'une même chose avec des personnes si dignes d'estre exaucées [1], ne le serions-nous pas? Ainsi, ne trouvant pas en nous-mêmes de quoi reconnaître vos bienfaits à notre égard, vous suppléez à notre défaut. Vous nous le fournissez, vous nous signifiez par cette étroite union que vous faites de nous à vos personnes, et c'est par là même que vous pouvez tirer quelque avantage des prières et des vœux que nous faisons pour vous.

Voilà ce que nous avons à vous dire, nos seigneurs et nos pères, qui part du fond de nos cœurs. Nous aurons toujours devant les yeux vos saintes instructions. Nous conserverons précieusement le précieux trésor que vous nous avez envoyé. Les pierres précieuses ne nous seront rien en comparaison. Enfin, voilà ce que vous disent les Abnaquis qui ont pour père (et patron) saint François de Sales, et qui sont pleins de sentiments de reconnaissance à votre égard. Vous les entendez tous ici, puisque c'est leur sentiment commun et qu'ils vous parlent tous ensemble. Nous vous souhaitons de longues années, nos seigneurs et nos pères; que votre illustre Princesse vous comble tous les jours de nouvelles faveurs. C'est ici que nous finissons de vous parler. Que ce *Collier*, joint à nos paroles, les affermisse!

---

[1] V. la lettre du 25 septembre 1699.

VII.

DONATION

QUE LES ABNAQUIS DE LA MISSION DE S. FRANÇOIS DE
SALES RENOUVELLENT TOUS LES ANS A LA STE-VIERGE,
LE JOUR DE L'ASSOMPTION, AVANT DE PORTER
SON IMAGE DANS LEUR VILLAGE.

Grande Marie, que la terre et le ciel nous entendent
et nous soient témoins de la sincérité de nos sentiments
à votre égard. Que tous vos favoris rassemblés dans le
ciel nous entendent et nous sachent bon gré de ce que
nous les imitons. Qu'ils nous soient témoins comme
nos cœurs s'accordent avec nos paroles. Mais que Jésus,
notre Seigneur et notre Dieu, nous avoue de notre
sincérité; lui qui a voulu que vous le gouvernassiez
dans son enfance, l'ayant mis au monde d'une manière
si singulière; lui qui vous a faite la maîtresse univer-
selle de toutes choses et qui vous fait reconnoître pour
telle par tout l'univers, comme si en effet il vous avoit
mis entre les mains son souverain domaine. C'est lui-
même, ce grand Jésus, lequel nous reconnoissons pour
notre Seigneur, que nous voulons qu'il nous avoue de
la sincérité de nos sentiments; puisqu'enfin il pénètre
au fond de nos cœurs et qu'il voit que nous n'avons
tous qu'une même pensée, qui est que vous soyez pour

toujours notre Dame et notre Reine. Mais vous-même, Marie, entendez-nous du ciel où vous estes, de la droite de votre fils où vous brillez avec un éclat incomparable, entendez-nous et nous avouez de tout ce que nous allons vous dire.

Marie, illustre Dame, unique et incomparable vierge qui est la mère d'un Dieu, il y a longtemps que nous attendons avec impatience l'heureux jour auquel nous devons tout de bon vous choisir pour notre Dame, ne l'ayant esté jusqu'à présent que d'une manière obscure et peu sensible. Prenez donc maintenant possession de nos personnes et de ce que nous avons, nous vous faisons la maîtresse de notre village; c'est la pensée que nous avons en y portant votre image. Si, pendant que l'on vous y portera, vous y faites rencontre dans les cabanes de quelque chose qui fasse l'objet de votre aversion, éloignez-l'en au plus tôt. Que la colère, la désunion, la médisance, l'impureté, l'ivrognerie, que tout ce qu'il y a de monstres de péchés, dès le moment qu'ils sentiront les approches de votre illustre marche, prennent incontinent la fuite et cessent leurs poursuites; qu'il ne soit pas dit que le démon gâte une terre qui vous appartient. Ne dédaignez pas de demeurer avec nous, puisque vous possédant, nous aurons en même temps toutes les vertus qui vous accompagnent et qui se trouvent partout où vous estes : la douceur, l'union, la charité, la docilité. N'ayez point de répugnance de demeurer avec nous, grande et illustre Dame; quoique vous soyez au milieu de nous, vils et méprisables que nous sommes, votre bonté et votre grandeur n'en seront nullement obscurcies; au contraire, notre bassesse et notre misère leur donneront un nouvel éclat, comme l'on voit que ce qui est beau de soi-même paroît encore plus beau estant mis auprès de quelque chose désagréable et difforme.

Voilà ce que nous vous disons, notre grande princesse, plût à Dieu que nos paroles fussent gravées sur quelque pierre bien dure, afin qu'elles ne s'effaçassent jamais! mais, peuvent-elles s'évanouir et se perdre estant écrites dans nos cœurs? Les cœurs tendres de nos plus petits enfants en sont déjà imprimez? Ils les feront passer à nos descendants en leur apprenant combien nous vous aimions et comme nous vous reconnaissons pour notre reine; et ainsi notre exemple leur servira dans la suite des temps de pressants motifs pour vous aymer et pour vous reconnoître aussi pour leur princesse.

Malheur à celui qui gâtera notre affaire et qui s'éloignera des sentiments lesquels nous avons pour vous, que nous reconnoissons pour notre Dame. Que les ravins tarissent plutôt; cesse plutôt le soleil d'éclairer; que toutes choses finissent plutôt qu'il soit jamais dit que nos descendants cessent de vous aimer et de vous reconnoître pour leur princesse. Ayez donc de l'amour pour nous, Marie, notre grande reine; attirez sur nous la bienveillance de votre fils; puissions-nous quelque jour estre témoins de votre incomparable gloire à tous deux. Ainsi puisse-t-il arriver!

VIII.

Lettre du Chapitre de Chartres.

Au très-révérend père, le révérend père Bigot, Directeur et Missionnaire de la nation des Abnaquis, et aux Abnaquis.

> Gavisi sumus valdè quoniam audivimus fratres nostros ambulare in veritate sicut mandatum accipimus à patre.
>
> (S. Joa. Ep. 2. V. 4.)

Mon très-révérend père, pour réponse à celle que vous nous avez fait l'honneur de nous écrire, du 25 septembre 1699, nous vous dirons que nostre joye a esté parfaite lorsque nous auons appris les progrès que nos frères les Abnaquis font dans la perfection et piété chrestienne par les exemples et instructions salutaires d'un missionnaire aussi zèlé que vous. Quelle satisfaction plus grande peut recevoir une compagnie de Prestres et de Chanoines qui désirent avec empressement de voir étendre le royaume de J.-C. de plus en plu chez les nations barbares, et d'apprendre les progrès merveilleux que la grâce toute-puissante de notre Rédempteur opère dans l'esprit et dans le cœur de ses nouveaux fidèles, qui sont d'autant mieux préparés à recevoir les impressions célestes de sa grâce que le

St-Esprit ne trouve en eux aucun obstacle, étant dégagés de toutes les affections terrestres et de qui l'on peut dire que n'ayant rien ils possèdent tout : *beatus populus, cujus Dominus Deus ejus.*

Nous avons reçu, M. T. R. P., avec beaucoup de satisfaction, le présent [1] que nos frères en J.-C. nous ont envoyé et nous avons jugé par cet ouvrage qu'il n'y avoit rien de sauvage dans leur esprit et dans leur art. Tous les peuples de cette ville ont esté ravis de le voir et l'ont admiré, nous l'avons dédié et consacré en l'honneur de Marie, votre illustre dame et princesse qui, je m'assure, l'aura accepté avec autant de plaisir que si c'étoit leurs personnes et leur cœur même. Nous avons aussi recommandé nos frères les Abnaquis et leur zélé pasteur aux prières publiques et saint sacri-

[1] Voici la description exacte des ceintures envoyées à N.-D. de Chartres :

CEINTURE DES HURONS.

Longueur, 1 m. 44 cent. 1/2.

Largeur, 7 cent.

Hauteur des lettres, 4 cent 1/2.

Les lettres sont *noires* sur un fond *blanc.*

CEINTURE DES ABNAQUIS.

Longueur, 2 m. 18 cent.

Largeur, 15 cent.

Hauteur des lettres, 10 cent.

Les lettres sont *blanches* sur un fond *brun.*

Ces ceintures sont exposées dans la crypte de la cathédrale, dans une montre en chêne, vitrée et dorée sur les côtés. Cette montre est longue de 1 m. 97 cent., haute de 50 cent. Elle fait face à l'autel de la chapelle de S. Savinien et de S. Potentien. (*Sub invocatione Sanctorum fortium, Saviniani, Potentiani et cæterorum.*)

lice de tous nos mystères pendant plusieurs jours consécutifs et pour reconnoissance de leur bienveillance envers nous, nous avons jugé à propos de leur envoyer la figure et l'image de cette incomparable Vierge, à l'instar de la nostre, quoique différente pour la matière qui dans notre église souterraine est de bois seulement ¹, au lieu que celle que nous leur envoyons est d'argent et portative, espérant que la mémoire du nom de *Marie* et le souvenir de ses bienfaits leur seront toujours présents. Nous croyons que le R. P. Bouvart leur aura appris, étant Chartrain, qu'avant la naissance de N.-S. J.-C., cette image de Notre-Dame de Chartres fut taillée et dédiée à la Vierge qui devait enfanter et mise dans une grotte qui est à peu près dans la même place où elle se voit aujourd'hui. S. Potentien, second évêque de *Sens*, que l'apôtre S. Pierre avait envoyé en France, s'arrêta à Chartres, où il bénit cette image et prit occasion de ces paroles, *Virgini pariturœ*, pour annoncer la foi aux Chartrains, comme fit S. Paul à Athènes, à l'occasion d'une figure ou d'un autel où était écrit : *Ignoto Deo*. Voilà ce que nos traditions nous apprennent, que si cette figure a les *yeux fermés* et ceux de son fils *ouverts* ², si elle paroît noire et grossière, ce sont des sujets de réflexion et d'une belle morale que nos nouveaux chrestiens peuvent apprendre de vous, mon R. P. et du père Bouvart à qui nous envoyons, comme à vous pareillement, les estampes de notre chapelle de sous-terre,

¹ Voyez pour les détails la note à la fin.

² Ce qui tranche la question agitée dans la *note* à la suite du *Livre des miracles de N.-D. de Chartres*, p. 314.

et vous les distribuerez, selon votre prudence à qui vous jugerez le plus à propos. Nous vous dirons enfin, M. très R. P. que nous avons esté grandement édifiés de toutes les merveilles qu'il plaist au Seigneur d'opérer sur l'esprit et dans l'âme de nos frères en J.-C. Cette douce harmonie dont vous nous faites le récit est un avant goût des joyes du paradis que possèdent les bienheureux ; et moy qui ay l'honneur de vous écrire par ordre de la Compagnie, m'acquittant en cela d'une obligation attachée au deuoir de ma dignité, je suis tesmoin oculaire et auriculaire de cette vérité que j'ay confirmée en plein chapitre , aduouant que je n'ay rien entendu en France ny ailleurs de si doux et de si mélodieux, lorsque j'étois en l'isle de Montréal et Ville-Marie, avec M.'' de S. Sulpice, en qualité de missionnaire, connu des sauvages de la montagne par le nom d'*Atteriath*. Voilà tout ce que nous pouvons vous dire pour le présent, vous priant instamment de ne nous pas oublier, mais de nous recommander à Dieu très-souvent. Que si nous avons de la considération et affection pour nos frères les Abnaquis, vous pouvez juger, M. R. P., quelle est la distinction que nous faisons de celui qui en est le père et le pasteur; nostre plus grand plaisir sera toujours de vous en donner des marques dans les occasions qui s'en présenteront, aussi bien qu'au R. P. Bouvart, estant avec beaucoup de sincérité très-affectionnés aux pères et aux enfants;

Les Doyen, Chanoines et Chapitre de Chartres.

VAILLANT DEMIHARDOUIN,
Chancelier et Chanoine de la même église.

IX.

Lettre du R. P. Bigot.

A Monsieur, Monsieur Vaillant Demhardouin, Chancelier et Chanoine du très-illustre Chapitre de N.-D. de Chartres, à Chartres.

Monsieur,

Il est trop juste qu'après m'estre donné l'honneur d'écrire à votre illustre Compagnie, je vous remercie en particulier de toutes les amitiez que vous voulez bien me faire, en vous acquittant de la commission dont elle vous avait chargé. Je vous en suis extrêmement obligé et vous en remercie de tout mon cœur; que ne puis-je vous en marquer toute la reconnoissance que je vous en ay? En vérité, on ne peut rien de plus obligeant que ce témoignage si authentique que vous donnâtes à nos chers Abnaquis dans une si illustre assemblée. Mais qu'en diriez-vous donc, Monsieur, si vous les entendiez maintenant, que l'on peut dire qu'ils chantent juste, au jugement même des personnes qui sçavent ce que c'est que la musique? car, enfin, lorsqu'en allant en guerre, ils passèrent par Montréal, ont-ils eu le bonheur d'estre entendus de vous; à peine commençoient-ils à chanter en deux parties et ils chantent maintenant à plusieurs parties, outre que leurs voix qui sont assez douces d'elles-mêmes, n'estoient pas encore dégagées comme elles le sont maintenant par l'exercice qu'ils ont eu depuis. Nous faisons ce que nous pouvons pour entretenir nos chers néophytes dans la ferveur et dans la dévotion, et ces chants, pour lesquels ils ont beaucoup de disposition et d'inclination naturelles, y contribuent beaucoup. Ne sommes-nous pas trop heureux, Monsieur, et ne devons-nous pas rendre des actions de grâce éternelles au grand maître qui nous a mis dans les emplois où nous sommes? aydez-moi, s'il vous plaît, à l'en remercier. Votre nom Iroquois [1] ne m'est pas inconnu, non plus que votre personne; c'est une extrême joye pour moi d'apprendre de vos nouvelles et de vous voir dans un si illustre corps. Celle que vous nous fîtes l'honneur de nous écrire en 1700 ne nous a point esté rendue, nous ne reçumes en ce temps-là que les lettres de M. Bonneville, qui estoient, à ce que j'en juge maintenant, le duplicata des vôtres.

Je seray toujours avec un profond respect,

Monsieur,

votre très-humble et très-obéissant serviteur,

V. BIGOT,

De la Compagnie de Jésus

De la mission de S. François de Sales, 11 octobre 1701.

[1] Atteriath.

X.

LETTRE [1] DU R. P. JOSEPH AUBERY, JÉSUITE,
AU NOM DES ABNAQUIS DU CANADA, DEMANDANT LA
CONTINUATION DE L'UNION ET ADOPTION DE CES PEUPLES
A L'ÉGLISE DE CHARTRES.

MONSIEUR [2],

Il y a une soixantaine d'années environ que votre illustre Compagnie voulut bien contracter une union d'adoption par laquelle elle regardait la nation *Abnakise* du Canada comme ses frères, quoique les chefs de cette nation, n'osant pas s'élever si haut, se contentassent et se trouvassent infiniment honorez et avantagez d'estre, illustre Compagnie, les enfants. Elle leur envoya dès lors une chemise d'argent en reliquaire. Pour respondre à cet honneur et ce bonheur, cette nation, quelques années après, n'aïant rien de plus précieux que ce qu'on appelle de la porcelaine, qui est icy leur argent et leur or, on en composa un collier de onze rangs environ et de six pieds aussi environ de longueur, orné autant qu'ils le peuvent de porc-épic; on l'enferma dans une boëste d'écorce travaillée autant délicatement qu'on le peut en cette matière, et avant de l'envoyer à votre illustre Compagnie, feu le R. père Vincent Bigot, supérieur alors de

[1] Sans suscription.

[2] Probablement le Doyen du chapitre.

la mission, l'exposa dans l'église pendant huit ou neuf jours pour, par les prières que firent les saúvages, la Sainte-Vierge eust pour agréable l'union que l'on prétendoit renouveler et affermir pour toujours avec le chapitre de Chartres. Le présent fut envoyé et vous eustes la bonté d'y respondre magnifiquement par une image de la Sainte-Vierge d'argent, toute semblable à celle que vous conservez dans vostre église souterraine. Il y a maintenant 49 ans et il y en aura 50 au printemps, selon que le marque la lettre de feu M. d'Ormeville, alors chanoine à Chartres, député dans le chapitre pour écrire au dit feu le R. P. Vincent Bigot; j'étois avec luy en la mission et ce fut cette année que je dis ma première messe, laquelle j'ay de nouveau célébrée hier pour la deuxième fois, après 50 années de prestrise et de mission.

C'est cette union que nos chefs, au nom de toute la mission, veulent à présent renouveler. Il est vray que vos présents exposés dans l'église leur en rappellent continuellement la mémoire, mais ils veulent la rafraîchir et comme si elle estoit faite de nouveau. Ils demandent que je vous le témoigne; s'ils avoient quelque chose de précieux ils l'enverroient comme leur lettre; de la porcelaine vous en avez déjà un et il ne seroit d'aucune utilité. Ils vous prient donc que vous aiez la bonté de regarder cette lettre comme une marque très-sincère et authentique des sentiments de leurs cœurs, pour que vous, Monsieur et tous les Messieurs de votre Compagnie les veuillent bien continuer de regarder et d'aider comme leurs enfants spirituels, et, en effet, j'attribue à vos prières, en partie, que toute cette nation en la mission où je suis, ayé fait un progrès considérable dans l'esprit du Christianisme, que ce soit la plus fidèle et attachée au service de Dieu et à celuy du Roy.

Je vous prie donc, Monsieur, comme à la teste du chapitre de vostre illustre Compagnie, de recevoir cette parole, de la présenter à vos Messieurs et d'écouter favorablement la prière de cette nation de S. François des Abnakis et de leur missionnaire, qui a l'honneur d'estre, quoique inconnu, avec un profond respect en union de vos SS. SS. et de celle de vos Messieurs,

Monsieur,
      votre très-humble et très-obéissant serviteur,

        Jos. AUBERY,
de la compagnie de Jésus,
Missionnaire des Abnakis à S. François [1].

Michel Terrouërmant.
Jérôme Atiéouando.
Nicolas Ouaouënouroué.
Pierre-Thomas Pépiouërtnet.
Joseph-Louis Még8ioüiganbaouït.
Le Chantel [2].

---

[1] Ces lettres ont été par nous communiquées au *Comité historique des monuments écrits de l'histoire de France*, dans sa séance du 10 novembre 1851.   (Bull. du Comité, p. 269.)

[2] Noms des chefs des Abnaquis.

FIN DES LETTRES.

NOTES

I.

VETUS AGANON [1] (PARS PRIMA)

Auctore PAULO monacho sancti Petri Carnot. vivebat an. 1039.

(Ms. de la bibl. de Chartres.)

Operæ precium duxi huic orationi inserere *obsidionem faciam tempore gancelmi* præsulis, cum propter novitatem temporis, tum propter memorandum miraculum quod in ea patrare dignatus est Dominus Jhesus Christus, interventu ejusdem genitricis beatæ virginis Mariæ. Nam transmarini pagani, quibus dux præerat Rollo, mare transmeantes in Neustriæ partibus, maximam terræ partem virtute belli invadentes, septem civitates jam obtinuerant : à quorum vocabulo eadem terra sortita est nomen. Ipsi enim a flatu norici, Normanni vocantur : à quo nomine Normannia vocitatur. Visco itaque insaciabili avaritiæ laborantes, per Sequanam fluvium navigantes, Parisiacam urbem obtinere ambiunt. Qui cum desidua obsidione et armorum exercitione, incassum laborare cernerent, proras navium retro vertentes, obsidionem liquerunt. Itaque animi sui ambitionem ad urbem Carnotensem toto nisu verterunt. Ad quam per Sequanam remis currentes, in givaldi fossa applicuerunt. Ibi denique navibus relictis, præpeti cursu, ad urbem veniunt, eamque in circuitu obsidione vallant. Verum enim verò præfatus præsul venturam obsidionem divino relatu prænoscens, Pictavensem

[1] Il en existe deux exemplaires à la bibliothèque de Chartres, in-4°, sur parchemin ; l'un de 138 feuillets ; l'autre de 109. Le premier est le plus ancien ; les Bénédictins le croient du XIe siècle ; D. *Muley* du XIIe. Un troisième exemplaire (in-4°, 89 feuil.), appelé le Cartulaire d'argent *(Codex argenteus)* à cause de la richesse de sa couverture, appartient à la bibliothèque impériale de la rue Richelieu.

comitem venire sibi in auxilium mandat, Ducemque
Burgundiæ atque duos potentissimos Franciæ comites,
qui, die constituto a præsule, pari voto cum exercitu
maximo parati, christiano populo auxilium ferre adsunt.
Cumque pagani viribus et armis confidentes admodùm
insisterent, et civitatem capere festinarent, Pontifex,
die quà noverat suprà dictos comites sibi venire in
auxilium, valdè diluculo jubet omnes suos armis mu-
niri et ad portas ventum ire. *Trahens itaque interiorem*
TUNICAM *Dei genitricis Mariæ* super portam quæ nova
vocatur, obtutibus paganorum obtulit portasque urbis
aperuit, et chistianos fidenter præliare jubet. Tunc
christiani, ab omnipotente Deo viribus sumptis, for-
titer pugnant. Pagani vero a Deo destituti, omnium
membrorum viribus perditis, ex unà parte à civibus
mactantur, et ab alia parte a supervenienti exercitu
velut agri fœni sternuntur. Ex quibus tanta cedes fuit,
ut mortuorum cadaveribus aqua fluminis excluderetur,
atque omnes pariter, ipsa die ultrici, gladio sterneren-
tur, nisi ultimi cum suo duce, præsidio fugæ, metis
mortis carere potuissent [1].

II.

GUILL. BRITO. ARMOR. PHILIP.

Lib. 2.

(Rer. Gall. et Franc. script. T. 17, p. 141.)

Urbs quoque Carnotum, quam civis tam numerosus,
Tamque potens clerus et tam prædives opimant,
Ecclesiæque decus, cui scemate, mole, decore,
Judicio par nulla meo reperitur in orbe :
Quam, quasi postpositis specialiter omnibus, unam
Virgo beata docet Christi se mater amare

---

[1] La prairie que les Normands traversèrent en fuyant, prit le nom
de *prés de Reculet* (titre du 2 octobre 1440).

Innumerabilibus signis, gratoque favore,
Carnoti Dominam se dignans sæpè vocare;
Cujus et interulam cuncti venerantur ibidem,
Quà vestita fuit cùm partu protulit agnum
Qui mundi peccata tulit, qui sanguine mundo
Mundum mundavit a primi labe parentis;
Qui thronum mundum sibi sanctificavit eamdem,
Sic ut virgo manens matris gauderet honore.

III.

Extrait du « LIVRE DES MIRACLES DE N.-D. DE CHARTRES, écrit en vers, au XIIIe siècle, par Jehan Le Marchant *.»

(Ms de la bibl. de Chartres.)

(28) *Coment la cite de Chartres fut deliuree de ses anemis par la seinte chemise de Chartres.*

> Li liures ci empres deuise
> Que par celle seinte chemise
> Qui a Chartres est enchassee
> Un miracle de renomee
> Auint dont ferei mention
> En lan de linquarnacion
> Nocentesme. viij. anz meins par conte
> Un Challes si com lescrit conte
> Ert rois de France et dou pais
> Qui ert fiz au roi Lois
> Qui baubes estoit seurnomes,
> Auint au tens Challes cel roi
> Un tirant lors de grant desroi,
> Vint en France, qui ot non Roul
> Dont len crie encore Haroul;
> En France grans ouz amena

* V. notre notice sur ce Ms. dans les *Documents historiques inédits*, publiés par M. Champollion-Figeac, t. 2, p. 38.

Cil tirant que il aima
De gent paienne et sarradine
Tout destruit desus la marine,
France gasta et la contree,
Tout ocist et mist a lespee
Que nus ne li pot contrester,
Onques ne se vost arrester
Dusqua Estampes la reau
Ou il refist moult grant fleiau,
Dilleques a Chartres ala
Et lassist deca et dela.
Chartres asistrent li paien,
Poor orent li citeien
Qui furent dedenz asegie,
Car ils furent forment gregie
De mangonniaus et de perrieres;
Que par deuant et par derrieres
Gitaient pierres a leur murs,
Ne se tindrent pas asseurs
Quant virent les pierres desrendre,
Poair nauoient daus deffendre,
Ne dessir hors, ne de combattre,
Cels dehors voient qui dabatre
Les murs se painent et trauaillent
Et a grans effors les assaillent,
Si en ont eu grant esmaance,
Nont en nulle aie fiance
Fors ou secors de la pucelle
Qui *dame de Chartres* sapelle;
De celle requierent aie
Qui de Chartres a seignorie.
Lor prindrent la *seinte chemise*
A la mere de qui fu prise,
Jadis dedenz Constentinoble
Precieus don en fist et noble
A Chartres ou grant roi de France
Challes le Chauf [1] ot non denfance

<hr>

[1] Charles-le-Chauve.

Cil rois a Chartres la dona
Dont len croit que guerredon a
De la dame qui la vestoit
Quant le filz dieu en le estoit,
Car el penseit quel fust mise
A Chartres en sa mestre iglise
Et quel soit encore gardee
O leu dont est dame clamee.
Li chartain *la chemise* pristrent
Sus les murs au quarneaus la mistrent
En leu denseigne et de benniere :
Quant la virent la gent auersiere
Si la pristrent moult a desprire
Et entrelx a chufler et rire,
Quarreaus i trestrent et saetes
Et dars turquois et darbalestes,
Mes Dex qui vit lor mescreance
I mostra deuine venchance,
Si les auougla quil perdirent
La veue que il point ne virent,
Si quil ne porent reculer
Ne ne porent auant aler.
    Quant li chartein aperceu
Orent le miracle et veu
Que leur fist la dame charteine
Mentenant fu la ioie pleine
Si sapareillent deissir hors
Et garnissent darmes leur cors
Vestent haubers et lacent hiaumes
Ouec leur euesque *Gosseaumes*
Qui portoit la seinte chemise,
Por deffense et por garantise,
Auecques vne autre manniere
Qui du voile de la virge yere,
De Chartres sen issirent tuit
O grant effors et o grant bruit,
En lost des paiens tot se mirent,
Si grant occision en firent
Comme il leur vint a volente ;

Des ocis i ot tel plente
Que la terre en fu ioinchiee,
Tant i ot de gent detrenchiee,
Que li chartein ont leur espees
Dou sanc au paiens saoulees :
Quant questoient en la champaigne
Si leur vint o grant compaigne
Richart li dus des borgueignons,
Cil ameneit fiers compaignons
Quo sei auoit, lost des francois,
Si grant occision en cais
Iot feite or fu doublee,
Bien fierent de glaiue et despee
Charteins francois et borgueignons,
Tuit de ferir sont compaignons
Sus la pute gent mescreue,
Et quant Rou voit quainsi creue
Est la force de ses anemis,
En fuie sest meintenant mis,
Quant il voit ses gens destrenchier
Nil na poeir de soi venchier;
Si sen fout o poi de gent
O. x. cheualliers seulement.
De chenauchier tant esploita
Qua Lisees se receita
Et de son ost une partie
Fu remese es chans esbahie
Que li cretien enseuoient :
Cil qui de seigneur point nauoient
En un mont en haut sen foirent,
Illec. i. ier se garantirent,
Quant a lestor vint darreniers
Ebaltis, li cuens de Poitiers,
O de cheualiers grant compaigne,
Les paiens vit en la montaigne,
Si les enclust tretout entor ;
Mes cil qui sauoient meint tor
A mie nuit se eschaperent
Par loust au francois sen passerent.

Quant il fu ior et francois virent
Paiens eschapes si saillirent
Sur les chenaus et les ensurent,
Les chenaus frais et isniaus furent
Qui ensiuant si les ateindrent,
Mes li paien les pas acceindrent
Des bestes mortes de sanc tointes
Dont entor eus firent ateintes,
Que nus ne leur pot rien mellere :
Francois se mistrent au repaire
Qui longuement orent chacie
Chacun li hiaume ou chief lacie
Sen repererent en leur tentes,
Et li paien com gent dolentes
Alerent de mort des espees
A leur seigneur droit a Lisees
La dame de Chartres Marie
Au chartrains fist einsi aie
Par sa glorieuse chemise
Et son voile dont le deuise
Moult chier doyuent estre gardees
Comme de vertu esproucees.

IV.

Extrait des Lettres patentes de Louis XIII,

Données à St-Germain, en 1638, portant fondation à perpétuité dans l'église de Chartres d'un *Obit* solennel et de représentation pour le repos de l'âme du feu roi (Henri IV) son père [1].

« L'ancienneté, la dénotion et le service de l'église

[1] V. aussi Lettres de Henri I, Roi de France, au Chapitre de Chartres (mai 1048) ; du Roi Jean (août 1356), et de Charles VII (juin 1432).

cathédrale de Nostre-Dame de Chartres l'ont rendue sainte et vénérable à tous les chrestiens... C'est ce qui a mou la piété des roys nos prédécesseurs, la dotter de plusieurs fonds et domaines, faueurs et priuilèges, et par leurs charités, libéralités, magnificence royalle, la restablir et la réédifier dès le temps de S. Fulbert, qui en estoit éuesque, en l'estat qu'elle se void à présent. »

V.

EX ACTIS CANON. CARNUT. AN. 1523.

Martis 5 januarii nobilis vir Ludovicus Baro *de Brueil* accedens ad ecclesiam Carnotensem, in eâdem ecclesiâ primo in navi, durantibus matutinis et deindè in choro antè majus altare dictæ ecclesiæ orationem fundens ad Deum et beatam Mariam Virginem et posteà in præsentiâ venerabilium et discretorum virorum magistrorum Gallobi de Montireau, archidiaconi Drocensis, Joannis Forget, Joannis Fabri, Michaëlis de Champront et Claudii de Champeux canonicorum, matricularioum et habituatorum ecclesiæ ac plurimorum virorum ecclesiasticorum et sæcularium dixit, declaravit et pro veritate asseruit quòd ipse fuerat à morte liberatus et præservatus medio unius camisiæ sacro sanctæ capsæ ejùsdem ecclesiæ sibi datæ et concessæ quà erat indutus, hoc modò videlicet circà festum omnium sanctorum novissimè lapsum, cùm ipse esset indutus dictâ camisiâ in exercitu regio antè propè et contrà civitatem Mediolanensem [1], suis armis ferreis assuetis armatus subitò circà et subtus sinistrum brachium suum fuit violenter percussus et eo loco in quo erat satis longè impulsus ex uno ictu globi seu boulæ ferri rotundi ex

____

[1] V. Sismondi, *Hist. des Français*, t. 16, p. 155 et suiv.

machinâ bellicâ vulgò *canon* appellatâ per custodientes dictam civitatem Mediolanensem impetuosè vibrata qui subitò arma ferrea, bombicinium de corio et lineam camisiam suam quæ erat subtus camisiam dictam sanctæ capsæ fregit et laceravit ac dictam suam camisiam lineam in frusta quasi combusta cœpit, nec in aliquo suprà dictam camisiam sanctæ capsæ; nec corpus ipsius Ludovici aut membra illius rupit nec vulneravit licet ex hujus modi ictu fuerit non modicum in membris suis attonitus ac mutilatus, et adhuc in dicto brachio suo sinistro dolorem patiatur et nondùm planè et liberè officium dicti brachii exerceat, sed in toto suo corpore et aliis suis membris nullum aliud malum aut gravamen gratiâ Dei et intercessione beatæ Mariæ virginis medio dictæ camisiæ benedictæ, occasione dicti ictus, ut asserebat patiebatur et insuper quod à dicto exercitu sanus rediit ad dictam ecclesiam Carnotensem, gratias acturus prout egerat et apportavit dictum globum ferri nec non frusta dictorum bombicum et camisiæ lineæ, quæ quidem globum ferri cum frustis bombicinii et camisiæ hujus modi super dictum majus altare præsentavit et dimisit.

Die verò sabbati nonâ januarii capitulum ordinavit quod Domini ad administrationem operis ecclesiæ commissi, hâc die si commodè fieri possit affigi faciant antè imaginem beatæ Mariæ virginis in navi ecclesiæ vidolicet pilliari[1] in quo est altare crucifixi, globum seu boullam ferri quam die martis nóvissimè elapsa nobilis vir Ludovicus Baro de Brucil post matutinas super majus altare ecclesiæ præsentavit asserens se medio camisiæ sanctæ capsæ quâ indutus erat fuisse liberatum a morte prout dicto retulit et asseruit miraculum factum fuisse, de quo quidem miraculo capitulum ordinavit epitaphium fieri in tabellari propè dictam boullam affigendum.

---

[1] Après Notre-Dame de *Sous-Terre*, la Vierge dite du *Pilier* était également en grande vénération.

VI.

HISTOIRE CHRONOLOGIQUE DE LA VILLE DE CHARTRES,
PAR PINTART. P. 40, 42 & 706.

(Ms de la bibl. de Chartres. — 1681.)

La véritable image qui s'y voit éleuée dans une niche au-dessus de l'autel (*dans la grotte*) est faite de bois qui paroist estre de poirier, que la fumée des cierges et des lampes qui y sont journellement allumés peuuent auoir rendue de couleur bazannée. La Vierge y est représentée dans une chaise, tenant son fils assis sur ses genoux, qui de la main droite donne la bénédiction et de la main gauche porte le globe du monde. Il a la teste nue et les cheveux courts. La robe qui luy couure le corps est toute close et replissée par la ceinture; son visage, ses mains et ses pieds qui sont découuerts ont pris une couleur oliuâtre brune. La Vierge est reuestue par-dessus sa robe d'un manteau à l'antique de forme de dalmatique qui, se retroussant sur les bras, semble s'arrondir par le deuant sur les genoux jusqu'où il descend. Le *voile* qui luy couure la teste porte sur les deux épaules d'où il se rejette sur le dos. Son visage est extrêmement bien fait et bien proportionné en ovale, de mesme couleur que celuy du fils; sa couronne est tout simplement garnie par le hault de fleurons de forme de trefle ou de feuilles d'ache. La chaise est à quatre pilliers, dont ceux du derrière ont 23 pouces de hauteur et ceux du deuant ont, y compris la chaise, 17 pouces. Toute la *figure* [1] a 28 pouces 9 lignes de hauteur sur un pied de largeur, elle est creuse par derrière comme si c'estoit une écorce d'arbre, de 3 pouces d'épaisseur, grossièrement trauaillée de sculptures, hors celles du visage qui sont bien finies...

[1] L'image ou la statue.

..... Elle est posée (la statue) sur un tabernacle d'ébène enrichi d'ornements et de figures de bronze et dorées, entre quatre colomnes de marbre, d'ordre ionique dont la frise porte la mesme inscription :

VIRGINI PARITURÆ.

L'autel est placé vers l'Orient... Dans le mur est un autre autel dédié à S. Sauinien et à S. Potentien, premiers apostres du païs... Tout le dessous de la voûte est embelli d'excellentes *peintures* ¹ et rempli de tableaux représentant l'histoire de la vie de la S. Vierge par compartiments et par cartouches. Grand nombre de lampes d'argent allumées et suspendues le long de la voûte éclairent ce lieu qui n'a point d'ouuerture de fenestres pour y reçeuoir le jour.

VII.

Parthénie ov histoire de la très-avgvste et très-dévote église de Chartres, dédiée par les vievx Drvides en l'honnevr de la Vierge qvi enfanteroit, etc. (par Mᵉ Sébastian Rovlliard de Melvn, Paris, Rolin Thierry et Pierre Chevalier, 1609, in-8ᵒ).

Sur le frontispice de cet ouvrage se trouve gravée en taille douce la *chemise de Nostre-Dame.* — Le sceau de Martin *Gouges*, évêque de Chartres, offre la représentation de Notre-Dame de *Sous-Terre* (Pintart, ut sup. p. 847); celui de Mgr *Pie*, évêque de Poitiers, l'image de la Vierge noire.

¹ Ces peintures sont reproduites dans le 3ᵉ livraison de la *Mono-graphie de la cathédrale de Chartres,* publiée par les soins de M. le Ministre de l'Instruction publique et des cultes.

VIII.

EXTRAIT DE L'INVENTAIRE DES RELIQUES [1] ET DE CE QUI SE VOIT DE PLUS REMARQUABLE DANS L'ÉGLISE CATHÉDRALE DE CHARTRES,

Fait en 1683, revu et collationné par MM. Brillon, chanoine et chancelier, de Persy et Le Tunays, aussi chanoines de la dite église de Chartres et commis à l'œuvre, l'an 1726.

(Ms des arch. dép. d'Eure-et-Loir.)

Ces reliques sont en trois endroits différents du chœur de l'église, savoir : aux deux côtés et derrière le grand autel. Les lieux qui les renferment sont appelés trésors.

Description du 1er trésor.

.... Au-dessus du tableau d'ambre gris il y a un portrait de Marie de Médicis qui est de vermeil, attaché contre le mur, et un gros chapelet d'agathe donné par une demoiselle.

... Dans le fond et proche S. Laurent, il y a un chef à mi-corps de vermeil de Ste Amplonie, martyre, compagne de Ste Ursule et l'une des onze mille vierges; il est soutenu par quatre lions qui portent un grand pied de vermeil sur lequel il est posé. Les lions tiennent chacun un écusson aux armes de l'église qui sont une *chemise* d'émail blanc sur un fond d'azur. Le tour du col de la robe de cette sainte est bordé de rubis et d'émeraudes; celle qui en joint les deux extrémités est d'un prix considérable. Ce chef a été donné en 1503 par le cardinal Perraut.

[1] V. l'extrait que nous avons donné dans le *Bulletin du Comité historique des arts et monuments.* — Archéologie. — Beaux-Arts. T. III. p. 20 et suiv.

Description de la sainte châsse.

.... Une *chemise* de Chartres d'or, ayant sur un côté une *Notre-Dame* de pitié au pied de la croix et sur l'autre une niche remplie d'une vierge; le tout émaillé. Donnée par M. Claude Robert, chanoine et sous-doyen de l'église.

.... Au-dessus d'une croix d'or de Malte est une grande *chemise* d'or émaillé, sur l'un des côtés il y a une Vierge et sur l'autre un crucifix; elle a été donnée par M. Étienne Robert, chanoine de l'église....

Une petite *chemise* émaillée, représentant d'un côté un crucifix, de l'autre une Vierge....

Une *chemisette* d'argent et une autre émaillée, où est d'un côté un crucifix et de l'autre une Vierge....

Au-dessous de l'aigle de S. Éloi on voit une *chemise* de la Ste-Vierge représentant d'un côté un crucifix et de l'autre une Vierge; au bout de laquelle chemise pend une perle et au-dessous de cette chemise une croix d'argent qui s'ouvre....

Au-dessous de la couverture et au milieu du pan d'en bas de la châsse se voit une grande *chemise* de Chartres qui est formée d'un fil de perles au nombre de 237 et qui occupe toute la hauteur du panneau d'en bas, c'est-à-dire depuis le pied de la châsse jusqu'à la couverture; elle est remplie d'ouvrages de filigrane travaillés en forme de pyramides et de rochers dont les pointes sont terminées par de grands diamants.

C'est dans cette arche magnifique que l'on conserve la *chemise* que la Ste-Vierge avait lorsqu'un ange lui annonça qu'elle serait la mère d'un Dieu et dont elle était aussi revêtue lorsqu'elle le mit au monde.

Cette précieuse relique fut donnée à l'église de Chartres en 877 par le roi Charles-le-Chauve qui l'avait par succession de Charlemagne, son aïeul, à qui Constantin Porphyrogénète, empereur d'Orient, l'avait envoyée pour reconnaissance des services qu'il lui avait rendus, particulièrement contre les Maures qui lui voulaient aussi ôter l'empire [1].

Il y a aussi avec cette sainte chemise un *voile* de la Vierge, comme l'ancienne chronique de l'église le remarque au sujet du siége qui fut posé devant Chartres, en 911, par Rollon, chef des Danois, 34 ans après la donation de ces deux reliques.

Gancelinus susceptâ de beata Virgine fiduciâ, de propugnaculis ostensâ Normannis sanctâ camisiâ quæ in dicta ecclesia hûc usque servatur, hostes territi et quasi dementes facti sunt. Hinc dictus episcopus assumpto alio ornamento, quod supparum nominatur, et hastæ in modum vexilli imposito, civitate cum suis stipendiariis exiens in eos inopinatò irruit, et cædens de obsidione fugavit.

Dans le troisième trésor on remarquait deux boulets de canon de 10 à 15 kil. chacun, attachés à un pilier. L'un avait été tiré contre la ville, en 1591, au siége fait par Henri IV. Le boulet passa par-dessus la sacristie de Notre-Dame, et alla se loger dans la chambre du roi qui était derrière la grande salle de l'évêché. Les habitants en firent hommage à la Vierge.

« L'autre boulet, dit l'inventaire, a été apporté

[1] Souchet (*Hist. de la ville et de l'église de Chartres. Ms.*) consacre un chapitre, le XIVe, « *De la Chemise de Notre-Dame, quand et par qui elle a été donnée et apportée en l'église de Chartres.* »
« Voilà, dit-il (p. 177), ce que iai pu ramasser pour prouuer la vérité de cette chemise de laquelle nous n'auons aucun acte. Tout ce que nous en pouuions auoir aiant esté bruslé en cet incendie général de l'église de Chartres, en l'an 1026, où tous les titres d'icelle périrent dont ne nous est demeuré que ce que iai rapporté cidessus. »

d'Italie par le baron de Brueil qui en fut frappé en 1522, au siége de Milan, et dont il fut préservé au moyen d'une *chemise* de N.-D. qu'il avait sur lui. En reconnaissance d'une si grande protection, il en voulut rendre grâces à la Ste-Vierge et porta ce boulet avec ses habits qui étaient rompus et brûlés du violence du coup, sans que *la chemise de Chartres* fut endommagée ni lui-même eut aucun autre mal qu'une contusion, quoiqu'il eût été emporté assez loin par ce boulet [1], comme il paraît par le registre capitulaire de 1523, dont nous avons rapporté l'extrait. »

IX.

GALLIA CHRISTIANA. T. 8, p. 1091.

Templum ecclesiæ cathedralis nulli ferè per orbem, sive œdificiorum magnificentiam, seu amplitudinem spectes, cedit ecclesiæ.

... Patronam veneratur beatam *Mariam* in cœlos assumtam.

[1] Cet épisode est représenté dans l'un des médaillons qui forment l'encadrement de la belle gravure de *Larmessin*, comme tous ce titre: « *Le triomphe de la Ste-Vierge* » (1697). Ce médaillon porte pour légende : « *L'église de Notre-Dame veuë par le dedans à l'entrée de laquelle est le Baron du Brueil qui vient offrir à la Vierge le Boulet de canon dont il a esté frappé sans estre blessé.* »

Le livre des miracles de Notre-Dame de Chartres de Jehan Le Marchant raconte (21e miracle) celui-ci : « *don chevalier qui fu sauvé de mort a vie porce quil avoit vestue des chemises de Chartres.* »

Séb. Rovlliard, de son côté (Parthénie 1re part. p. 238 vo), parle d'un chevalier d'Aquitaine qui échappa aux dagues de huit brigands, grâce à une *chemise* de N. D. de Chartres qu'il portait.

X.

PROCÈS-VERBAL DRESSÉ ET RENFERMÉ PAR M. DE LUBERSAC, ANCIEN ÉVÊQUE DE CHARTRES [1], DANS LE RELIQUAIRE OU IL A DÉPOSÉ LA PORTION PAR LUI RECOUVRÉE DU VOILE DE LA S. VIERGE.

Nous, Jean-Baptiste-Joseph DE LUBERSAC, ancien évêque de Chartres, premier aumônier de feue madame Sophie de France, etc.

Au retour d'un long exil que nous avons subi ainsi que la plupart des ministres de France fidèles à la religion catholique romaine et au gouvernement qui avait fait le bonheur de nos pères depuis tant de siècles, nous avions à peine posé le pied sur le sol de notre patrie, où nous avions laissé de si tristes souvenirs et des regrets si chers, que nous nous sommes enquis avec empressement et inquiétude de l'état présent de notre troupeau et de notre église, autrefois, hélas! si illustre et si florissante; motifs suffisants pour la supposer plus maltraitée par la horde impie et sacrilége qui avait promené la dévastation sur tout le territoire envahi par elle.

Ce triste présage, trop bien fondé, ne se trouva que trop réalisé par la spoliation générale des églises de France, en particulier du riche trésor de notre église cathédrale, mais ce qui a excité le plus éminemment notre indignation et la vivacité de nos regrets, c'est l'enlèvement et la profanation de la précieuse relique dite *la chemise de la très-sainte Vierge* (présent d'un empereur d'Orient à Charlemagne), donnée à l'église de Chartres par Charles-le-Chauve, son petit-fils et arrière successeur, en 876, d'après les chroniques de

[1] Il fit son entrée à Chartres le 8 août 1780 et mourut à Paris le 29 août 1822. Il a été inhumé dans la crypte de S. Brice (près Chartres).

la dite église, et conservée depuis cette époque dans une magnifique châsse ou arche couverte en totalité d'une feuille d'or sur laquelle étaient représentés les douze apôtres, soutenue aux quatre angles par autant d'anges d'or massif, et surchargée d'ornements en pierreries, perles, pierres gravées et autres bijoux précieux, presque tous dons de la piété des souverains français et étrangers envers la mère de Dieu, le plus grand nombre par reconnaissance des bienfaits miraculeux en leur faveur, de sa puissance infinie et de son insigne protection.

Quelques renseignements à nous parvenus par l'effet de nos recherches, recueillis avec soin et poursuivis avec autant de constance que d'ardeur, nous ont conduit aux découvertes suivantes :

Au mois de décembre 1793, des commissaires des trois corps constitués de la ville de Chartres, s'étant réunis dans la sacristie de notre église cathédrale, se firent représenter par les sacristains la sainte châsse qui était confiée à leur garde, ainsi que tous les objets précieux renfermés dans le trésor [1].

A l'aspect de cette vénérable relique, ils furent saisis d'un sentiment religieux et ils arrêtèrent que la sainte châsse ne serait ouverte que par des ecclésiastiques. En conséquence de cette décision, M. l'abbé Jumentier, ci-devant curé de St-Hilaire de Chartres et ancien promoteur de notre diocèse, fut requis, avec un autre ecclésiastique, de se transporter à la sacristie. Lorsqu'ils y furent arrivés, M. Guillard le jeune, en sa qualité de procureur syndic de la commune, les invita de procéder à l'ouverture de la dite châsse et d'en extraire eux-mêmes toutes les reliques qui y étaient renfermées.... Cette ouverture fut faite en présence au moins de cinquante personnes, toutes pénétrées de respect

---

[1] Voy. le procès-verbal dans le *Bulletin du Comité historique des arts et monuments.* T. 3. 1852. p. 28.

pour les objets qui avaient été depuis si longtemps
exposés à la vénération des peuples. Ce respect redou-
bla lorsqu'on retira d'une petite châsse d'argent [1] le
précieux voile appelé *la sainte chemise;* cette antique
relique qui consistait en deux voiles, dont l'un servait
d'enveloppe à l'autre, fut présenté à tous les assistants.

Sur la réquisition des commissaires, il fut dressé un
procès verbal contenant la désignation des deux voiles,
la nature de l'étoffe, leur longueur, leur largeur et la
description des animaux et des oiseaux qui bordaient
celui qui servait d'enveloppe [2]; ensuite les deux voiles
furent repliés et allaient être replacés dans la petite
châsse qui les contenait, lorsque plusieurs personnes
dirigées par un sentiment que nous ne pouvons quali-
fier, en demandèrent quelques fragments; malgré les
observations religieuses des deux ecclésiastiques qui
firent tous leurs efforts pour les conserver dans leur
intégrité, les deux voiles furent coupés et divisés en
plusieurs morceaux et furent donnés à ceux qui en
demandaient.

Par le même procès-verbal il fut arrêté que ce qui
restait des deux voiles serait envoyé à M. l'abbé Barthelemy, célèbre antiquaire orientaliste et membre de
l'académie des sciences et belles-lettres de l'institut de
Paris, pour le soumettre à son jugement et à ses observations, sans l'informer sur son origine, sa qualité et
son mérite. Les commissaires reçurent pour réponse

[1] Theudon « *homme de qualité et puissant* » dit l'Inventaire des
reliques, aurait fait revêtir d'or la sainte châsse. V. le nécrologe de
Chartres, 5-c.-3;, p. 227 (Ms de la bibl. de Chartres).

[2] Willemin — Mon. franç. inéd. — a représenté ce voile, pl. 16
et 16 *bis.* « Il est formé, dit A. Pottier, d'une espèce de tissu de lin
ou de coton broché d'or et de soie et porte environ 6 pieds de longueur sur 18 pouces de largeur. » — Il n'y a point de symboles hié-
roglyphiques dans les diverses figures de volatiles ou d'animaux figurés
sur ce voile. Ce sont des dessins que l'on rencontre souvent sur les
étoffes fabriquées en Perse et en Orient.

Voyez le dessin que nous donnons des fragments du voile de la
Vierge au commencement de notre livre.

que c'était une étoffe en soie qui devait avoir plus de mille ans et semblable à celle qui servait de voile aux femmes dans les pays orientaux.

Ce n'était donc pas ce que l'on nomme de nos jours une chemise, comme on l'avait cru constamment, mais un vêtement qui ayant appartenu à la plus pure des créatures et servi fidèlement à lui couvrir la tête et à investir toute sa personne sacrée, n'en était pas moins digne de l'enquête que nous faisions pour le recouvrer et le réintégrer dans ce haut degré de respect et de vénération dont il avait joui jusqu'à l'époque de son extraction, en 1793.

D'après ces données, nous sommes parvenu à recouvrer quelques-uns des fragments qui, comme nous avons dit, en avaient été séparés et livrés ensuite à différentes personnes et par divers motifs de dévotion ou de curiosité. Il ne nous a pas été difficile d'en obtenir la restitution, en exposant aux détenteurs qu'en outre de l'affreuse profanation dont ils se rendaient journellement coupables, ils annulaient jusqu'à l'existence de l'objet sollicité de notre part s'ils laissaient s'écouler un laps de temps suffisant après lequel toutes les preuves de sa qualité originelle seraient supprimées. Le malheur, leur avons-nous dit, doit être empêché par un personnage ayant caractère pour constater son identité avec la célèbre relique remise au IXe siècle par un de nos rois [1] dans le trésor de l'insigne église de Chartres où elle avait été vénérée depuis par tous les fidèles. L'éclat des miracles, témoignage si authentique, opérés à presque toutes ses ostensions et expositions, si souvent répétés dans les occasions les plus critiques, a maintenu la sainteté et la célébrité de ce précieux gage de la protection de la mère de Dieu envers un peuple tout dévoué à son culte et jusqu'à l'époque de la révolution si fatale à la religion elle-même [2].

1 Charles-le-Chauve en 807.
2 L'une des verrières du pourtour du chœur de la cathédrale de

Nous avons d'abord réussi à nous en procurer deux morceaux notables de la part de deux de nos diocésains, M. Loret et M. Guillard l'aîné, le premier, juge au tribunal de première instance à Paris; le second, homme de lettres et frère de M. Guillard, procureur syndic de la commune de Chartres. L'un et l'autre décédés depuis peu et auxquels nous avons concédé deux petits reliquaires ovales, d'argent, ornés d'un cercle d'or, contenant un échantillon de la précieuse relique dont nous avons retenu un autre pour notre croix de cérémonie.

Sur l'avis que nous avons donné à Chartres de cette intéressante conquête à M. l'abbé Costé, prêtre, ci-devant chanoine de St-André de Chartres, notre ancien secrétaire et celui de notre évêché, il s'est empressé de seconder notre zèle et nos efforts par des informations scrupuleuses, mais discrètes sur les suites de la spoliation du trésor de notre église et particulièrement de la sainte châsse...

Il nous a appris que M. Guillard le jeune avait retenu et conservé les restes des deux voiles que M. l'abbé Barthelemy lui avait renvoyés en sa qualité, à cette époque, de procureur syndic de la commune, avec la réponse adressée aux commissaires qui l'avaient consulté, que le dit M. Guillard, avant sa mort, les lui avait confiés pour être par lui remis à M. Maillard, alors curé de Notre-Dame de Chartres, et que Mlle Maillard, sa sœur et unique héritière en était restée nantie...

Il nous a même ajouté que M. l'abbé Jumentier sus-nommé, auquel il les avait fait voir avant de nous les envoyer, les avait reconnus pour être de ceux remis à M. Guillard après l'extraction de la sainte châsse, à laquelle il avait assisté et coopéré.

Chartres est formée de 24 sujets dans lesquels se trouve l'histoire de la sainte Chemise de la Vierge.

La pieuse et respectable mademoiselle Maillard, instruite de tous les mouvements que nous nous donnions pour retrouver ce qui devait contribuer aussi essentiellement à la gloire de la très-sainte Vierge, en ranimant son culte dans une cité et dans une église qui lui sont consacrées depuis l'origine du christianisme, s'est fait un devoir de s'en dessaisir et de nous les faire remettre.

Feu M. de Mérinville, celui de nos prédécesseurs qui, le dernier, avait fait l'ouverture de la sainte arche, y avait renfermé un procès-verbal constatant l'état où il l'avait trouvée et celui où il l'avait mise le 1er mars 1712. Cette pièce essentielle à l'exécution de notre dessein est due aux soins et aux recherches de M. l'abbé Jumentier précité, comme nous ayant déjà fourni le détail des faits et d'autres circonstances dont il a été le témoin, et va être joint au présent.

Ayant l'espoir de recouvrer le surplus des morceaux dispersés du voile de la très-sainte Vierge, lequel, d'après le procès-verbal de 1712 devait avoir 4 aunes et demie de largeur ¹ et dont la principale pièce qui nous reste est réduite à une aune trois quarts environ ², à laquelle nous avons réuni un des fragments à nous remis par MM. Loret et Guillard l'aîné, d'environ 7 à 8 pouces carrés, à quoi nous avons ajouté quatre autres fragments, savoir : deux petits représentant chacun un petit lion en broderie d'or et terminés d'un côté par des franges de soie rouge; un troisième de 8 pouces ³ de long sur 5 ⁴ de large, et un quatrième d'une dimension assez considérable, mais difficile à estimer et décrire, ayant été fort déchiqueté par des ciseaux en différents sens et faisant tous quatre évidemment partie de la pièce qui servait d'enveloppe.

1 — 5 m. 40 c.
2 — 2 m. 10 c.
3 — 0,215.
4 — 0,135.

Après avoir plié le plus décemment possible les objets que nous venons de désigner, nous avons enveloppé la relique, c'est-à-dire la portion qui nous en reste, dans ce qui nous reste aussi de l'étoffe qui semble avoir été destinée à la préserver des injures du temps.

Nous avons ensuite inséré le tout dans un petit sac de soie jaune, clos et fermé par un ruban de soie jaune, entrelacé dans des œillets pratiqués autour du dit sac à l'effet de recevoir le ruban, sur lequel nous avons apposé le sceau de nos armes anciennes et l'avons déposé dans une châsse ¹ de vermeil en forme d'arche, surmontée d'une croix, ornée extérieurement

¹ En 1822, M. de Latil, évêque de Chartres, fit poser le coffret dans une nouvelle châsse représentant un monument gothique. Sur les faces latérales d'une tour carrée on lit les inscriptions suivantes :

1°

Ad majorem Dei gloriam.

—

Sacræ hic inclusæ reliquiæ
E velo beatæ Mariæ Virginis
Ecclesiæ Carnotensi
A Carolo Calvo imp. dono datæ
Ab anno 876.
Ad annum infaustæ memoriæ 1793
Regum populorum que concursu
Veneratæ sunt.

—

Et in honorem beatæ Mariæ
Virginis Dei paræ.

2°

Cura et impensis D.D. de Lubersac
Olim Carnotensis episcopi
Restituta,
A.D.D. de Latil, ipsius successore
In hanc ampliorem capsam
Inclusæ
Pietati votis que fidelium
Feliciter afferuntur,
1822.

de quelques dessins en relief, portée sur quatre petits pieds de même métal et surmontée d'autant de têtes de chérubins; la dite arche ayant environ 10 pouces [1] de hauteur sur 5 [2] de largeur; les deux surfaces opposées au couvercle garnies de deux glaces de 4 à 5 pouces de long sur 2 pouces de large; les surfaces latérales intérieures offrent aussi chacune deux petites glaces et les deux fonds chacun une, lesquelles laissent entrevoir des ossements et des inscriptions de saints.

Nous devons supposer, sans oser l'affirmer, que ces ossements méritent respect et vénération, comme ayant fait partie d'une collection considérable de la même espèce, dont feu M. de Fleury, notre prédécesseur immédiat, avait extrait des reliques introduites par lui dans les autels portatifs et autres destinés au culte public, le surplus laissé par lui dans des boîtes scellées et trouvées par nous dans notre habitation.

Et avant de clore la dite châsse et d'y apposer notre sceau, nous avons cru devoir corroborer l'autorité de notre témoignage et du présent écrit par le témoignage et la signature de ceux qui sont par nous désignés dans cette relation, ainsi que de plusieurs autres, tous résidant à Chartres et que nous avons connus particulièrement, les uns comme commensaux, les autres comme contemporains ayant vécu sous nos yeux.

Suivent les noms des signataires:

M. LESAGE, curé de St-Pierre et membre du conseil épiscopal;

M. CHASLES, curé de Notre-Dame;

M. BILLARD, maire de Chartres;

1 — 0,271.
2 — 0,135.

M. Masson, ancien président de l'élection, conseiller de préfecture et marguillier de Notre-Dame;

M. Hache, conseiller de préfecture;

M. le marquis des Ligneris, chevalier de l'ordre royal et militaire de St-Louis;

M. Foreau, ancien conseiller aux baillage et siége présidial de Chartres, puis maire de la dite ville;

M. Verchères, chanoine de la cathédrale de Chartres;

M. Texier, chanoine de Chartres et ancien chapelain de la feue reine;

M. Jumentier, ancien curé de St-Hilaire de Chartres et promoteur du diocèse;

M. Lesage, ancien chanoine et syndic du chapitre de St-André de Chartres;

M. Hérisson, ancien avocat.

M. Costé, prêtre, ancien chanoine de St-André de Chartres, ancien secrétaire de monseigneur l'évêque de Chartres et de l'évêché.

Le dit procès-verbal nous ayant été renvoyé revêtu des signatures par nous désirées, nous y avons joint l'original de celui dressé par M. de Mérinville, en 1772, écrit en latin sur une feuille de parchemin, revêtu de la signature de M. de Mérinville et de celles des témoins par lui appelés, scellé du sceau de M. de Mérinville et contre-signé Langlois, par mandement de monseigneur l'évêque de Chartres, et nous l'avons déposé dans la dite châsse sur laquelle nous avons apposé le sceau de nos armes anciennes, en présence de M. de Fontenay, ci-devant chanoine de notre église cathédrale de Chartres, notre ancien vicaire général et évêque de Nevers, de M. Verguin, prêtre, ancien supérieur de notre séminaire, à Chartres, chanoine et vicaire général de Versailles et supérieur actuel du grand séminaire de Versailles, de M. l'abbé Feutrier, prêtre, secrétaire général de la grande aumônerie de France, et de M. l'abbé Latour, prêtre, vicaire de l'église paroissiale de la Madeleine de Paris, lesquels ont signé avec nous le présent, à Paris, en notre demeure, rue Duphot, N° 18, le 8 mars 1820.

Joannes-Henricus DE FONTENAY, olim canonicus vicarius generalis Carnotensis, episcopus Nivernensis.

VERGUIN, vicarius generalis, superior seminarii Versaliensis.

F. J. H. FEUTRIER.   G. J. F. S. DELATOUR.

Le comte DE COURTARVEL DE PEZÉ, chevalier des ordres militaires de St-Louis et de St-Jean de Jérusalem, ex-député du département d'Eure-et-Loir.

JEAN-BAPTISTE-JOSEPH, ancien évêque de Chartres.

XI.

EXTRAIT DU DISCOURS DE MONSEIGNEUR L'ÉVÊQUE DE POITIERS A LA CÉRÉMONIE DU COURONNEMENT DE NOTRE-DAME DE CHARTRES, LE XXXI MAI MDCCCLV.

« En effet, M. F., la célébrité du sanctuaire de Chartres, qui est une des principales gloires de la France, repose sur un double fondement, procède d'une double origine : je veux dire la crypte mystérieuse, creusée au-dessous de ce temple, et le *saint vêtement* de Marie déposé dans ce brillant reliquaire.

« A ce premier motif de la célébrité de l'église de Chartres, vint s'en ajouter un second. La monarchie française, en plusieurs rencontres, avait ressenti déjà les heureux effets du pouvoir de la Vierge chartraine. Par les ordres de Charles-le-Chauve, l'une des reliques sacrées de Marie que l'Occident avait reçu des empereurs d'Orient, la tunique intérieure de la très-sainte et très-chaste mère de Jésus, fut apportée en cette cité, où désormais elle partagera avec la Vierge de la grotte la vénération et les hommages de toute la chrétienté. Est-ce ce vêtement sacré qui est représenté sur nos antiques monnaies, et qu'on retrouve dans le blason hiéroglyphique de la cité, ainsi que l'assurent d'illustres numismates? j'hésiterais à le croire. Mais ce qui est du domaine authentique de l'histoire, c'est la délivrance miraculeuse de la France par ce divin palladium. Devant la sainte tunique de Marie, portée au bout d'une lance par l'évêque de Chartres, en guise d'étendard et de drapeau, Rollon, l'invincible Rollon et ses intrépides bataillons se sentirent terrassés.

» .... Depuis ce jour, la *sainte chemise de Chartres* (car il faut bien employer le nom que lui ont donné nos pères), est considérée comme la tutelle de la cité, et de la nation; l'église où elle repose s'appelle désormais, dans le langage mystique des peuples, *la chambre, le thalame, le lit* de la Vierge... »

———

XII.

Dans les « *Lettres édifiantes et curieuses écrites des Missions étrangères* » Paris, Mérigot le jeune, 26 vol. in-12, 1780-1783, on trouve, t. 6e :

1. Lettre du P. Gabriel Marest, missionnaire jésuite, au P. de Lamberville, de la même compagnie, procureur de la mission du Canada (p. 1).

1 *Carnutum tutela.*

2. Lettre du P. Cholenec, missionnaire jésuite, au P. Augustin Leblanc, de la même compagnie, procureur des missions du Canada (p. 40),

3. Lettre du même au P. Jean-Baptiste du Halde, de la même compagnie (p. 100).

4. Lettre du P. Sébastien Rasles, missionnaire jésuite, dans la Nouvelle-France, à son neveu (p. 127).

5. Lettre du même à son frère (p. 153).

6. Lettre du P. de la Chasse, supérieur général des missions de la Nouvelle-France, au P.*** de la même compagnie (p. 226).

7. Lettre du P.***, missionnaire chez les Abnakis, datée de S. François, le 21 octobre 1757.

« Le motif de mon voyage, dit le P.***, étoit uniquement de conduire à M. le marquis de Vaudreuil une députation de vingt Abnakis destinés à accompagner le P. Virot, qui est allé essayer de fonder une nouvelle mission chez les Loups *d'Oyo* ou de la Belle-Rivière. La part que je puis avoir dans cette glorieuse entreprise, les événements qui l'ont occasionnée, les difficultés qu'il a fallu surmonter pourront fournir dans la suite une matière intéressante pour une nouvelle lettre. Mais il faut attendre que les bénédictions répandues aient couronné les efforts que nous avons faits pour porter les lumières de la foi chez des peuples qui paraissent si disposés à les recevoir. »

Dans la lettre du 12 octobre 1723, le P. Rasles traduit ainsi la strophe *ô salutaris hostia*, etc.

EN LANGUE ABNAKISE.

Kighisl 8i-nuanur8inns
Spem kik papili go ii damek
Nemiani 8i k8idan ghabenk
Taha saii grihine.

EN LANGUE HURONNE.

Jes8s 8to etti x'ichie
8to etti skuaalichi-axe
J chierche axera8ensta
D'aotierti xeata-8ien.

Ce qui signifie en français :

« O hostie salutaire, qui es continuellement immolée,
et qui donnes la vie, toi par qui on entre dans le ciel,
nous sommes tous attaqués, ça fortifie-nous. »

FIN DES NOTES.

TABLE

LES ABNAQUIS.
1692-1702.

FIN DE LA TABLE.

Achevé d'imprimer pour la première fois
à Nogent-le-Rotrou, chez A. Gouverneur, rue Dorée, 3,
le XXX juillet MDCCCLVII.

OUVRAGES DU MÊME AUTEUR.

--

1. DU RÉGIME CELLULAIRE. — Un vol. in-8°.
   Ouvrage couronné en 1838 par la société de la
   morale chrétienne.

2. DES DROITS ET DES DEVOIRS RÉCIPROQUES DE LA SOCIÉTÉ
   ET DES PAUVRES TOUCHANT LA MENDICITÉ.
   Ouvrage couronné en 1839 par l'académie du Gard.

3. DES MESURES LÉGISLATIVES PROPRES A RÉPRIMER
   L'AGIOTAGE.
   Ouvrage couronné en 1840 par la société de la
   morale chrétienne.

4. DU CARACTÈRE DES MAISONS DE CORRECTION ET DE
   PRÉSERVATION, pour qu'elles atteignent le but
   que s'est proposé le législateur, de moraliser
   les enfants soumis à leur régime.
   Ouvrage couronné en 1845 par l'académie d'Arras.

5. MARCEAU — 1851. — Un vol. in-8°.

MÉMOIRES PRÉSENTÉS AUX CONCOURS DES ANTIQUITÉS
NATIONALES DE FRANCE

(Académie des inscriptions et belles-lettres).

6. Mémoire sur le tombeau de S. Calétric, évêque de
   Chartres en 557. (Mention *honorable* le 9 août
   1844.)

7. Mémoire historique sur l'ancienne église collégiale
   et paroissiale de S. André de Chartres. (Mention
   honorable le 30 juillet 1847.)

8. Iconographie du pays Chartrain. (Mention *très-
   honorable* le 1er août 1845.)

9. Essai sur l'abbaye de la Sainte-Trinité de Tyron.
   (Mention *très-honorable* le 1er novembre 1848.)

10. Monographie de la crypte de la cathédrale de
    Chartres. (Mention *très-honorable* le 1er août 1849.)

11. Recherches historiques sur l'ancien monastère de
    S. Martin au Val-lès-Chartres (Eure-et-Loir).
    (Mention *très-honorable* le 7 août 1857.)